演習新経済学ライブラリ＝4

演習
ゲーム理論

船木由喜彦 著

新世社

はしがき

　近年，多くのゲーム理論の啓蒙書やテキストが出版され，ゲーム理論への関心の高さやゲーム理論をマスターしたいという欲求の強さが感じられる．しかしながら，ゲーム理論を確実にマスターするためには，単に教科書を読むだけではなく，実際に様々な問題を解いて理解することが必要である．本書はそうした目的のために多様なゲーム理論の演習問題を集成したテキストを目指している．特に，問題を寄せ集めただけの単なる問題集ではなく，理解しやすいように問題を配列してていねいな解説を加えており，問題を解くことで重要事項が短時間でマスターできることを目標にしている．

　ゲーム理論の概念に厳密な数学的定義を与えようとすると，そのための準備を含め，一般的にかなりの説明が必要になる．本書では問題を実際に解くことを重視しているので，複雑で厳密な定義は避け，最小限のシンプルな定義を与えている．さらに，それには全て言葉による説明を加えている．このため，多少数学的厳密性を犠牲にする場合があるが，問題を解くという点では十分なものと考えている．展開形ゲームのように厳密な定義がかなり複雑な概念は，かえって例題を用いた方が説明しやすく，また，その方がわかりやすいように思える．こうした観点から本書では定理の証明などは省いているが，証明の詳細を知りたい方は，巻末に，証明が記述されている日本語参考文献，英語参考文献を紹介しているので，それらに当たって頂きたい．

　このような本書の成り立ちから，重要事項のまとめや定理の言及が難しいと感じられる方は，言葉による説明を読んだ後，数学的記述部分はある程度読み飛ばして，まず例題を理解し，演習問題を解いていくことから始めて頂くのも良い方法かも知れない．

　本書で取り上げている内容は，非協力ゲームと協力ゲームの伝統的なテーマ

を中心としており，ゲーム理論テキストとして標準的なものであるが，近年よく利用される分析手法である情報不完備ゲームやあまり他書では触れられていないマッチングゲームなども扱っている．しかしながら，近年，急速に進展中の話題である進化ゲーム理論や数学的定式化が複雑である NTU ゲームの理論についてはほとんど取り上げていない．なお，5 章までが非協力ゲームに分類されるテーマを扱い，6 章以降が協力ゲームとして分類される内容である．

　本書の構成は，まず各章の初めに，「重要事項のまとめ」を配し，数式を用いた定義と同時に数式を使わずに言葉で表現した説明を与えている．次にそのテーマに関連する「重要な定理」を証明なしに示し，さらに，例題，演習問題，練習問題の順で各種の問題を提示している．基礎的で重要な問題はできるだけ例題として扱い，かなり詳細にその解き方を解説している．この例題は是非とも解いて頂きたい問題である．演習問題はもう少し幅広い問題や証明問題など，ある程度の数学的知識を必要とする問題で，解法の要点を解説している．さらに章によってこれらを補完する意味で練習問題を設けた．巻末にその略解が与えられている．これらの問題の中には難易度の高いと思われる問題があり，それらには * 印を付した．なお，重要事項のまとめにおける言葉による説明は，厳密性を欠いているためにかえってわかりにくく回りくどいかも知れない．そのように感じた方は，じっくりと数学的な定義を追い，一歩ずつ確実に理解をして頂きたい．その際には数学の復習が必要となるかも知れないが，それが完璧にゲーム理論をマスターする道に繋がると信じている．

　本書の問題の内容は主として学部 2 年～ 4 年生向きであるが，大学院生向けの難易度の高い問題もある．また，学部の 1 年生や高校生でも十分に理解できる問題もある．初学者や社会人の方などで，数学や経済学など前提知識が不足する方でも，初めから読み進めることが可能なように気をつけている．しかしながら，本書ではゲーム理論的な考え方やその目的自体などについては触れていないので，ゲーム理論の初学者向けのテキストや啓蒙的な文献をあらかじめ読んでおくことが役に立つと思われる．さらに本書は中級向けのゲーム理論テキストの副読本としても役立つであろう．

　本書は，主として著者が早稲田大学で担当している「ゲーム理論」の講義およびそこにおける演習問題を基に作成された．また，慶応義塾大学，東京工業大

学，琉球大学など他のいくつかの大学で行った講義内容も参考にしている。さらに，慶応義塾大学中山幹夫教授，東京工業大学武藤滋夫教授には企画の当初から相談に乗って頂き，多くの演習問題を快くご提供頂いた。ここに感謝の意を表します。また，鈴木光男名誉教授（東京工業大学）と岡田章教授（一橋大学）の秀逸なテキストを参考にさせて頂いた。早稲田大学大学院経済学研究科博士課程学生の上條良夫氏には多くの問題の解答を提供して頂いた。早稲田大学政治経済学部の元ゼミ生の園田浩久君には草稿段階で詳細なコメントを頂いた。さらに，講義やゼミに出席し，多くの質問をし，演習問題を解き，レポートを提出して頂いた学生諸君のフィードバックに負うところも大きい。ここに全ての皆様に深く感謝の意を表します。

　最後に，本書の編集，出版，校正に関して大変お世話になった新世社の御園生晴彦氏，本宮稔氏に深く謝意を表します。

　　　2004年6月

　　　　　　　　　　　　　　　　　　　　　　　　　船木由喜彦

目　次

1 戦略形ゲームと戦略の支配　　1
- 1.1 重要事項のまとめ　　2
- 1.2 例題　　5
- 1.3 演習問題　　8

2 ナッシュ均衡と混合戦略　　13
- 2.1 重要事項のまとめ　　14
- 2.2 例題　　16
- 2.3 演習問題　　19
- 2.4 練習問題　　39

3 ２人ゼロ和ゲーム　　41
- 3.1 重要事項のまとめ　　42
- 3.2 例題　　44
- 3.3 演習問題　　49
- 3.4 練習問題　　55

4 展開形ゲーム　　57
- 4.1 重要事項のまとめ　　58
- 4.2 例題　　62
- 4.3 演習問題　　68

	4.4 練習問題	76

5 情報不完備ゲームと完全ベイジアン均衡　　81

5.1	重要事項のまとめ	82
5.2	例題	83
5.3	演習問題	90

6 提携形ゲーム　　93

6.1	重要事項のまとめ	94
6.2	例題	97
6.3	演習問題	103

7 配分集合とコア　　109

7.1	重要事項のまとめ	110
7.2	例題	113
7.3	演習問題	118
7.4	練習問題	123

8 コアの存在条件といろいろなゲームのコア　　125

8.1	重要事項のまとめ	126
8.2	例題	130
8.3	演習問題	133
8.4	練習問題	139

9 安定集合（vNM 解）　　141

9.1	重要事項のまとめ	142
9.2	例題	144
9.3	演習問題	149

	9.4　練習問題	152

10　交渉集合，カーネルと仁　153

	10.1　重要事項のまとめ	154
	10.2　例題	158
	10.3　演習問題	163
	10.4　練習問題	167

11　シャープレイ値とその応用　169

	11.1　重要事項のまとめ	170
	11.2　例題	173
	11.3　演習問題	185
	11.4　練習問題	187

12　マッチングゲームのコア　189

	12.1　重要事項のまとめ	190
	12.2　例題	195
	12.3　演習問題	198
	12.4　練習問題	200

13　ナッシュの交渉問題　203

	13.1　重要事項のまとめ	204
	13.2　例題	206
	13.3　演習問題	209

参考文献　211
練習問題解答　215
索　引　223

本書で用いる数学的記号

記号	説明
N	プレイヤーの集合，一般に自然数の集合の部分集合とする
$\boldsymbol{R}$	実数の全体
$\boldsymbol{R}^n$	n 次元ユークリッド空間
$\boldsymbol{R}^n_+$	n 次元ユークリッド空間の非負象限
$\forall x$	すべての x に対して
$s \in S$	s が集合 S の要素である
$s \notin S$	s が集合 S の要素でない
$\sum_{k=1}^{n} x_k$	$x_1 + x_2 + \ldots + x_n$ （n 個の x_k の和）
$\|S\|$	集合 S の要素の個数
$\sum_{k \in S}$	集合 S に属する全ての k についての和
$\sum_{S \ni k}$	条件 $S \ni k$ を満たす全ての集合 S についての和
$\sum_{k : k \text{ に関する条件}}$	k に関する条件を満たす k についての和
$A \subseteq B$	集合 A は集合 B の部分集合
$A \subset B$	集合 A は集合 B の真部分集合 （$A \subseteq B$ かつ $A \neq B$）
$A \cup B$	集合 A と集合 B の和集合
$A \cap B$	集合 A と集合 B の共通部分
$\bigcap_{k \in S} A_k$	条件 $k \in S$ を満たす全ての A_k の共通部分
$A \setminus B$	集合 A と集合 B の差集合（$x \in A$ かつ $x \notin B$ なる x の集合）
ϕ	空集合
$\{x \mid x \text{ に関する条件}\}$	x に関する条件を満たす x の集合
$f : A \to B$	集合 A から集合 B への関数
f^{-1}	関数 f の逆関数，$f : A \to B$ が全単射関数（$f(A) = B, x \neq x'$ ならば $f(x) \neq f(x')$）のときに存在する
$\max_{x \in S} f(x)$	集合 S に属する x を動かして $f(x)$ の値を最大化する
$\min_{x \in S} f(x)$	集合 S に属する x を動かして $f(x)$ の値を最小化する
$\max\{x \mid x \text{ に関する条件}\}$	x に関する条件を満たす x の中で最大なものを求める
$\min\{x \mid x \text{ に関する条件}\}$	x に関する条件を満たす x の中で最小なものを求める
$\iff$	左側の条件と右側の条件が必要十分条件である（2つの条件は同値），左側の関係を右側の条件で定義する
$n! = 1 \cdot 2 \cdot \ldots \cdot n$	n の階乗，n 個のものを並べたときの並べ方（順列）の総数
$\binom{n}{s} = \dfrac{n!}{s!(n-s)!}$	n 個のものから s 個とる選び方（組合せ）の総数
$\dfrac{\partial y}{\partial x}$	y の x に関する偏微分
$x \approx y$	y は x の近似値

1

戦略形ゲームと戦略の支配

　この章では，非協力ゲームの第一歩として，多くの分野や文献で最もよく使われている表現形式である戦略形ゲームを紹介する。戦略形ゲームにおいては次章で扱うナッシュ均衡が最も有名な解であるが，ここでは，ナッシュ均衡よりも基本的で解釈しやすい「支配戦略の組（支配戦略均衡）」を紹介する。支配戦略は，相手の考え方や合理性についての考慮がなくても，それをとることが合理的と考えられる戦略である。なお，支配戦略の組は常にナッシュ均衡となる。もう一つ，この章では支配される戦略の逐次消去により残された戦略の組について，その求め方を紹介し例題を演習する。逐次消去の過程では相手の手および相手の考え方を読むことが必要になり，相手の合理性に対する考慮が必要である。ナッシュ均衡をもたらす戦略は強支配される戦略の逐次消去により常に残されるので，ナッシュ均衡を求めるための一つの方法と考えることができる。

1.1 重要事項のまとめ

◆ **戦略形ゲーム**　プレイヤー集合，各プレイヤーのとることのできる戦略の集合，利得関数の記述によってゲームを表現する形式を戦略形ゲームあるいは標準形ゲームという。

　戦略形 n 人ゲームの要素：$\langle N, \{S_i\}_{i \in N}, \{f_i\}_{i \in N} \rangle$　　$|N| = n$

◆ **プレイヤー集合**　ゲームにおいて行動を決定する主体の集合。
　プレイヤー集合：$N = \{1, 2, 3, ..., n\}$

◆ **戦略**　プレイヤーのとりうる行動の計画を戦略とよぶ。純戦略あるいは純粋戦略ともよばれる。

　戦略集合：プレイヤー i の戦略集合は，戦略の数が m_i 個のとき，一般に，$S_i = \{$ 戦略 1，戦略 2，...，戦略 $m_i\}$ のように表される。

◆ **利得関数**　戦略の組に各プレイヤーの利得を対応させる関数を利得関数という。

　利得関数：$\pi_i = f_i(s_1, s_2, ..., s_n)$　　$(i = 1, 2, ..., n)$

ここで $\pi_i \in \mathbf{R}$, $s_1 \in S_1$, $s_2 \in S_2$, ..., $s_n \in S_n$ である。

◆ **双行列ゲーム**　2 人戦略形ゲームにおいて，各プレイヤーの利得の組を行列の各要素として表したものを双行列ゲームという。この行列を利得行列とよぶ場合もある。

1＼2	戦略 1	戦略 2	$\cdots$	戦略 l
戦略 1	a_{11}, b_{11}	a_{12}, b_{12}	$\cdots$	a_{1l}, b_{1l}
戦略 2	a_{21}, b_{21}	a_{22}, b_{22}	$\cdots$	a_{2l}, b_{2l}
$\vdots$	$\vdots$	$\vdots$	$\ddots$	$\vdots$
戦略 m	a_{m1}, b_{m1}	a_{m2}, b_{m2}	$\cdots$	a_{ml}, b_{ml}

◆ **強支配／弱支配**　他のプレイヤーの全ての戦略の組に対し，ある戦略 s_i の与える利得が他の戦略 t_i の与える利得よりも常に大きいとき，戦略 s_i は t_i を<u>強支配する</u>という。条件を弱め，ある戦略の組に対しては利得が大きいが，それ以外の戦略の組に対しては利得が等しいか大きいとき，単に s_i は t_i を<u>支配する</u>，あるいは<u>弱支配する</u>という。戦略 s_i が他の全ての戦略を強支配するとき，<u>強支配戦略</u>とよぶ。また，s_i が他の全ての戦略を弱支配するとき，<u>弱支配戦略</u>あるいは単に<u>支配戦略</u>とよぶ。

<u>強支配</u>：$\bar{s}_i \in S_i$ が $s_i \in S_i$ を強支配する $\iff$
全ての $t_j \in S_j\,(j \neq i)$ に対し，$f_i(t_1, t_2, ..., \bar{s}_i, ..., t_n) > f_i(t_1, t_2, ..., s_i, ..., t_n)$

<u>支配</u>：$\hat{s}_i \in S_i$ が $s_i \in S_i$ を（弱）支配する $\iff$
全ての $t_j \in S_j\,(j \neq i)$ に対し，$f_i(t_1, t_2, ..., \hat{s}_i, ..., t_n) \geqq f_i(t_1, t_2, ..., s_i, ..., t_n)$
かつ，少なくとも一つの戦略の組 $(\hat{t}_1, \hat{t}_2, ..., \hat{t}_{i-1}, \hat{t}_{i+1}, ..., \hat{t}_n)$ に対して
$f_i(\hat{t}_1, \hat{t}_2, ..., \hat{s}_i, ..., \hat{t}_n) > f_i(\hat{t}_1, \hat{t}_2, ..., s_i, ..., \hat{t}_n)$ が成り立つ。

◆ **戦略の逐次消去**　支配あるいは強支配される戦略を次々と消去していくプロセスを<u>戦略の逐次消去</u>という。その際，このプロセスで消去された戦略を他のプレイヤーがとらないと仮定して，次々と支配あるいは強支配される戦略を消去する。一般にプレイヤーは同時に支配あるいは強支配される戦略を消去する。

◆ パレート最適性（パレート効率性）　　ある戦略の組 $s = (s_1, \cdots, s_n)$ と他の戦略の組 $t = (t_1, \cdots, t_n)$ を比較したとき，全てのプレイヤーが s の与える利得を t の与える利得より好むとき，s は t をパレート支配するという。ある戦略の組 s をパレート支配する戦略の組が存在しないとき，その戦略の組 s はパレート最適（パレート効率的）であるといわれる。パレート支配の条件を弱め，あるプレイヤーに対しては s の与える利得が t の与える利得より大きいが，それ以外のプレイヤーに対しては s の与える利得が t の与える利得以上のとき，s は t をパレート弱支配するという。ある戦略の組 s をパレート弱支配するような戦略の組が存在しないとき，s を強パレート最適という。経済学でパレート最適というと，通常この強パレート最適を表す。

パレート最適：戦略の組 $(s_1, s_2, ..., s_n)$ が(弱)パレート最適 $\iff$ 全ての $i \in N$ に対し　　$f_i(t_1, t_2, ..., t_n) > f_i(s_1, s_2, ..., s_n)$　　となる戦略の組 $(t_1, t_2, ..., t_n)$ が存在しない。

強パレート最適：戦略の組 $(s_1, s_2, ..., s_n)$ が強パレート最適 $\iff$ 全ての $j \in N$ に対し　　$f_j(t_1, t_2, ..., t_n) \geqq f_j(s_1, s_2, ..., s_n)$　　かつ，少なくとも一人の $i \in N$ に対し，$f_i(t_1, t_2, ..., t_n) > f_i(s_1, s_2, ..., s_n)$　　となる戦略の組 $(t_1, t_2, ..., t_n)$ が存在しない。

1.2 例　題

例題 1.1

以下の代表的な戦略形2人ゲームにおいて，支配戦略があれば指摘せよ。さらに，それらの戦略の組や他の戦略の組がパレート最適であるか考察せよ。

(1) 囚人のジレンマ　　2人の容疑者が共犯容疑で別々の部屋で取り調べられており，2人とも黙秘すれば1年の刑（軽い刑），一方が自白し他方が黙秘をすると自白した方は釈放され，黙秘した方は5年の刑（最も重い刑），両方自白した場合は両者共に3年の刑が与えられるという状況に直面している。この状況を，2人の容疑者をプレイヤー，「黙秘」と「自白」を2人の戦略，刑の年数を負の利得として戦略形2人ゲームで表現すると，次のようになる。

1 \ 2	黙秘	自白
黙秘	$-1, -1$	$-5, 0$
自白	$0, -5$	$-3, -3$

(2) 男女の争いゲーム　　2人の男女が，バレエの鑑賞に行くかサッカーの観戦に行くかを決定する問題に直面している。2人は同じ場所に行く方を別の場所に行くことより好んでいるが，同じ場所に行くのであれば，男性はサッカーを見に行く方を好み，女性はバレエを見に行く方を好んでいる。この状況を2人の男女をプレイヤーとし，プレイヤーの好みの順に従って，適当な数値（利得）を与えて，利得行列を作ると次のようになる。

男 \ 女	バレエ	サッカー
バレエ	2, 4	0, 0
サッカー	0, 0	4, 2

例題 1.1 の解

(1) プレイヤー1にとって，相手であるプレイヤー2が「黙秘」を選んだとき，「黙秘」を選べば利得が-1,「自白」を選べば利得がゼロであるから，「自白」を選んだ方が利得が大きい。また，プレイヤー2が「自白」を選んだとき，「黙秘」を選べば利得が-5,「自白」を選べば利得が-3となるので，やはり「自白」を選んだ方が利得が大きい。したがって，プレイヤー1にとって「自白」が「黙秘」を強支配している。すなわち，「自白」は強支配戦略である。同様に，プレイヤー2にとっても「自白」が「黙秘」を強支配するので，「自白」が強支配戦略であることがわかる。

一方，2人の強支配戦略の組（自白，自白）に対応する利得の組は$(-3, -3)$であり，戦略の組（黙秘，黙秘）に対応する利得の組は$(-1, -1)$である。したがって，2人のプレイヤー両方にとって，（黙秘，黙秘）による利得の組が（自白，自白）による利得の組を上回る。すなわち，（自白，自白）はパレート最適でない。ただし，（黙秘，黙秘）による利得の組に対し，2人とも利得が増加する戦略の組はないので，（黙秘，黙秘）はパレート最適である。同様に，（黙秘，自白），（自白，黙秘）もパレート最適である。

このように囚人のジレンマは「強支配戦略の組がパレート最適でない」という性質によって特徴づけることができる。このような性質をもつゲームと類型的な状況は，環境問題，軍縮の問題など数多く見られ，応用範囲が広い。

(2) 男性プレイヤーにとって，相手である女性プレイヤーが「バレエ」を選んだとき，「バレエ」を選べば利得が2,「サッカー」を選べば利得がゼロであるから，「バレエ」を選んだ方が利得が大きい。また，女性プレイヤーが「サッカー」を選んだとき，「バレエ」を選べば利得がゼロ,「サッカー」を選べば利得が4となるので,「サッカー」を選んだ方が利得が大きい。したがって，男性プレイヤーにとって，強支配戦略（ならびに弱支配戦略）がないことがわかる。同様にして女性プレイヤーにとっても，強支配戦略（ならびに弱支配戦略）がないことがわかる。

一方，2人の戦略の組（バレエ，バレエ）に対応する利得の組は$(2, 4)$であり，両方のプレイヤーにとって，より大きな利得を与える戦略の組はない。たしかに，利得の組$(0, 0)$は2人にとって好ましくないし，利得の組$(4, 2)$

は男性プレイヤーにとって好ましいが女性プレイヤーにとっては好ましくない。したがって，(バレエ，バレエ) はパレート最適である。同様に (サッカー，サッカー) もパレート最適である。(バレエ，サッカー)，(サッカー，バレエ) はパレート最適でない。

1.3　演習問題

演習問題1.1

次の双行列ゲームにおいて，支配される戦略の逐次消去により残される戦略を指摘せよ．強支配戦略逐次消去の場合はどうなるかも考察せよ．

(1)

1＼2	戦略1	戦略2	戦略3
戦略1	1, 5	4, 6	2, 4
戦略2	2, 0	3, 2	5, 0
戦略3	3, 3	1, 4	0, 5

(2)

1＼2	戦略1	戦略2	戦略3
戦略1	1, 0	4, 6	3, 8
戦略2	3, 4	6, 5	4, 2
戦略3	2, 3	5, 2	5, 3

【演習問題1.1の解】

　　(1)　まず，プレイヤー2にとって，相手のプレイヤーがいかなる戦略をとっても戦略2の与える利得が戦略1の与える利得よりも大きいので，戦略2は戦略1を強支配している（強支配しているときは同時に弱支配していることにも注意せよ）．したがって，プレイヤー2は戦略1をとらない．また，戦略1と戦略3の間，戦略2と戦略3の間には支配関係がない．さらに，プレイヤー1の戦略の間にも支配関係がない．そこで，プレイヤー2の戦略1を消去し，それを利得行列で表現すると次のようになる．

1 戦略形ゲームと戦略の支配

1\2	戦略2	戦略3
戦略1	4, 6	2, 4
戦略2	3, 2	5, 0
戦略3	1, 4	0, 5

この新たな利得行列において,プレイヤー1の戦略1と戦略2がともに戦略3を支配(強支配)している。戦略1と戦略2の間には支配関係がない。支配されるプレイヤー1の戦略3を消去して,新たな利得行列を作ると次のようになる。

1\2	戦略2	戦略3
戦略1	4, 6	2, 4
戦略2	3, 2	5, 0

この行列において,プレイヤー2の戦略2は戦略3を支配(強支配)する。支配される戦略を消去すると以下の利得行列になる。

1\2	戦略2
戦略1	4, 6
戦略2	3, 2

さらに,この行列において,プレイヤー1の戦略1が戦略2を支配(強支配)することに注意すれば,以下の1行1列の行列となる。すなわち,支配される戦略の逐次消去により,残される戦略はプレイヤー1は戦略1,プレイヤー2は戦略2となる。

1\2	戦略2
戦略1	4, 6

以上の逐次消去の過程において,全ての支配関係は強支配関係であったので,強支配関係による逐次消去の結果も同じになる。

(2) この利得行列において,プレイヤー1にとって,戦略3は戦略1を

9

支配（強支配）している．他の支配関係はないので，プレイヤー 1 の戦略 1 を消去して利得行列を作成すると，

1 \ 2	戦略 1	戦略 2	戦略 3
戦略 2	3, 4	6, 5	4, 2
戦略 3	2, 3	5, 2	5, 3

となる．さらに，この行列において，プレイヤー 2 にとって，相手が戦略 2 をとるときの戦略 1 に対する利得は 4 であり，戦略 3 に対する利得は 2 であるから戦略 1 の方が好ましく，相手が戦略 3 をとるときの戦略 1 に対する利得と戦略 3 に対する利得は 3 で変わらない．したがって，プレイヤー 2 の戦略 1 は戦略 3 を支配（弱支配）している．そこで，他の支配関係がないことに注意して，プレイヤー 2 の戦略 3 を消去すると次の行列になる．

1 \ 2	戦略 1	戦略 2
戦略 2	3, 4	6, 5
戦略 3	2, 3	5, 2

この行列において，プレイヤー 1 の戦略 2 は戦略 3 を支配（強支配）するので，プレイヤー 1 の戦略 3 を消去し次の行列を得る．

1 \ 2	戦略 1	戦略 2
戦略 2	3, 4	6, 5

最後に，この行列において，プレイヤー 2 の戦略 2 が戦略 1 を支配することはすぐにわかるので支配（弱支配）される戦略の逐次消去により残された戦略は，プレイヤー 1 が戦略 2，プレイヤー 2 が戦略 2 となる．強支配戦略による逐次消去過程を考えると，2 段階目で強支配関係ではプレイヤー 2 の戦略 3 が消去されないことがわかる．したがって強支配による逐次消去のプロセスはここでストップし，残される戦略は，プレイヤー 1 は戦略 2，戦略 3，プレイヤー 2 は全ての戦略となる．

演習問題1.2

次の双行列ゲームにおいて，支配される戦略の逐次消去により残される戦略を指摘せよ．片方のプレイヤーの戦略を先に消去するとどうなるかも考察せよ．

(1)

1＼2	戦略1	戦略2
戦略1	1, 1	100, 0
戦略2	0, 100	100, 100

(2)

1＼2	戦略1	戦略2
戦略1	0, 0	0, 1
戦略2	1, 0	0, 0

【演習問題1.2の解】

(1) プレイヤー1の戦略2は戦略1により支配され，プレイヤー2の戦略2も戦略1により支配されている．これらを同時に消去すれば，支配される戦略の逐次消去により残される戦略の組は（戦略1，戦略1）である．

片方のプレイヤーの戦略を先に消去する場合を考える．プレイヤー1の支配される戦略2を先に消去すると，

1＼2	戦略1	戦略2
戦略1	1, 1	100, 0

となる．この行列において，プレイヤー2の戦略1は戦略2を支配しているので，残される戦略の組は（戦略1，戦略1）となる．プレイヤー2の戦略を先に消す場合も同様である．

(2) 支配される戦略を同時に消去する場合には残される戦略の組は（戦略2，戦略2）である．

プレイヤー1の戦略を先に消す場合，支配される戦略1を消すと，

1 \ 2	戦略1	戦略2
戦略2	1, 0	0, 0

となる。この行列において，プレイヤー2の戦略の間には支配関係がないことがわかる。それゆえこのときには，残される戦略の組は（戦略2，戦略1），（戦略2，戦略2）となる。またプレイヤー2の戦略を先に消す場合，支配される戦略1を消すと，

1 \ 2	戦略2
戦略1	0, 1
戦略2	0, 0

となり，残される戦略の組は（戦略1，戦略2），（戦略2，戦略2）となる。

2

ナッシュ均衡と
混合戦略

　この章では，非協力ゲームの分析において最もよく使われているナッシュ均衡の概念を扱う．戦略形ゲームのナッシュ均衡はナッシュによって初めて提示された概念である．ナッシュ均衡は支配戦略均衡と異なり2つ以上存在する場合があるので，合理的なプレイヤーの完璧な行動指針として捉えることは難しい．しかしながら，社会や経済における均衡状態の優れた記述として捉えることが可能であるので，この点で応用範囲が広い．本章でもいくつかの経済学的な応用問題を取り扱っている．

　この章では，もう一つの重要な概念として，混合戦略の概念を扱っている．混合戦略は取りうる純戦略を確率化したもので，その確率に従って純戦略を選択する．純戦略を混合戦略へ拡張することにより，ナッシュ均衡の存在を保証することができる．この章では2×2の双行列ゲームの純戦略ナッシュ均衡と混合戦略ナッシュ均衡を求める方法を中心に解説し，さらに，やや程度の高い問題として，3×3双行列ゲームや3人ゲームの混合戦略ナッシュ均衡を求める問題を演習する．

2.1 重要事項のまとめ

◆ **混合戦略**　プレイヤーの各純戦略を選ぶ確率を指定する行動計画を<u>混合戦略</u>という。混合戦略は純戦略上の確率分布で示される。その確率分布は他のプレイヤーに観察されない個人的な偶然機構（サイコロ，ルーレットなど）により定まるので，他のプレイヤーの混合戦略とは独立な確率分布である。

<u>混合戦略</u>：プレイヤー i の純戦略の集合を $S_i = \{s_i^1, s_i^2, ..., s_i^m\}$ とするとき，i の混合戦略 $p = (p_i^1, p_i^2, ..., p_i^m)$ の集合 P_i は次のように表される。

$$P_i = \{p = (p_i^1, p_i^2, ..., p_i^m) \mid p_i^j \geqq 0 \ (j = 1, 2, ..., m), \ p_i^1 + p_i^2 + ... + p_i^m = 1\}$$

◆ **期待利得**　各プレイヤーが混合戦略をとった場合の利得の期待値を<u>期待利得</u>という。プレイヤーは期待利得を最大化することを目標として混合戦略を選択する。

<u>期待利得</u> $E_i(p_1, p_2, ..., p_n)$：プレイヤー i の混合戦略を $p_i \in P_i$ とするとき，プレイヤー i の期待利得 E_i は次式で与えられる。

$$E_i(p_1, p_2, ..., p_n) = \sum_{s_1 \in S_1} \cdots \sum_{s_j \in S_j} \cdots \sum_{s_n \in S_n} p_1(s_1) \cdots p_j(s_j) \cdots p_n(s_n) f_i(s_1, s_2, ..., s_n)$$

ここで，$p_j(s_j)$ は，混合戦略 p_j において純戦略 s_j を選ぶ確率を表す。

◆ **最適反応戦略**　他の全てのプレイヤーの純戦略（または混合戦略）が与えられたとき，自分の利得（または期待利得）を最大にする純戦略（または混合戦略）を<u>最適反応戦略</u>という。

<u>最適反応戦略</u>：純戦略 $s_i \in S_i$ が純戦略の組 $(t_1, t_2, ..., t_{i-1}, t_{i+1}, ..., t_n)$ に対して最適反応戦略である $\iff$

$$f_i(t_1, t_2, ..., s_i, ..., t_n) = \max_{t_i \in S_i} f_i(t_1, t_2, ..., t_i, ..., t_n)$$

混合戦略 $q_i^* \in P_i$ が混合戦略の組 $(q_1, q_2, ..., q_{i-1}, q_{i+1}, ..., q_n)$ に対して最適反応戦略である $\iff$ $E_i(q_1, q_2, ..., q_i^*, ..., q_n) = \max\limits_{q_i \in P_i} E_i(q_1, q_2, ..., q_i, ..., q_n)$

◆ **ナッシュ均衡**　戦略の組において，その戦略が互いに他のプレイヤーの戦略の組に対して最適反応戦略となっているとき，その戦略の組を<u>ナッシュ均衡</u>（あるいは<u>ナッシュ均衡点</u>）という。ナッシュ均衡を構成する戦略をナッシュ均衡戦略という。特に，どのプレイヤーも自分だけ戦略を変更すると，自分の利得が厳密に減少するとき<u>狭義ナッシュ均衡</u>という。

<u>ナッシュ均衡</u>：戦略の組 $(s_1^*, s_2^*, ..., s_i^*, ..., s_n^*)$ がナッシュ均衡 $\iff$

全ての $i \in N$ について，全ての $s_i \in S_i$ に対し $f_i(s_1^*, s_2^*, ..., s_i^*, ..., s_n^*) \geqq f_i(s_1^*, s_2^*, ..., s_i, ..., s_n^*)$ が成り立つ。

<u>狭義ナッシュ均衡</u>：戦略の組 $(s_1^*, s_2^*, ..., s_i^*, ..., s_n^*)$ が狭義ナッシュ均衡 $\iff$

全ての $i \in N$ について，全ての $s_i \in S_i(s_i \neq s_i^*)$ に対し $f_i(s_1^*, s_2^*, ..., s_i^*, ..., s_n^*) > f_i(s_1^*, s_2^*, ..., s_i, ..., s_n^*)$ が成り立つ。

■ 重要な定理

> **定理 2.1**
>
> 各プレイヤーが混合戦略をとることができるとき，ナッシュ均衡が常に存在する。（純戦略の数は有限とする）

> **定理 2.2**
>
> ある混合戦略が，他のプレイヤーの混合戦略の組に対し最適反応戦略であったとすると，その混合戦略によって正の確率で選ばれる全ての純戦略も最適反応戦略となる。さらにこのとき，これらの純戦略の任意の混合戦略も最適反応戦略となる。

> **定理 2.3**
>
> 強支配される戦略の逐次消去により，ただ一つの戦略の組が残されたとすると，それがこのゲームの唯一のナッシュ均衡となる。（純戦略の数は有限とする）

2.2 例 題

例題 2.1

以下の2人ゲームにおいて，純戦略の範囲でナッシュ均衡を求めよ。さらに，混合戦略の範囲でナッシュ均衡を求めよ。

1＼2	戦略1	戦略2
戦略1	1, 5	4, 6
戦略2	2, 3	0, 2

例題 2.1 の解

まず，プレイヤー 2 の純戦略に対するプレイヤー 1 の最適反応戦略から考える。プレイヤー 2 の戦略 1 に対する 1 の最適反応戦略は 1 の利得 1 と利得 2 を比べて戦略 2，戦略 2 に対する最適反応戦略は 1 の利得 4 と利得 0 を比べて戦略 1 である。続いて，プレイヤー 1 の純戦略に対するプレイヤー 2 の最適反応戦略を考える。プレイヤー 1 の戦略 1 に対する 2 の最適反応は戦略 2，戦略 2 に対する最適反応は戦略 1 であることがわかる。ナッシュ均衡は互いに最適反応になっている戦略の組であるので，(戦略 1, 戦略 2)，(戦略 2, 戦略 1) が純戦略ナッシュ均衡である。

これは，次の図で示すように，利得行列の最適反応戦略に対応する部分を○や□で囲むと求めやすい。ここで，○はプレイヤー 1 の最適反応を表し，□はプレイヤー 2 の最適反応を表している。○と□が重なったマスが純戦略ナッシュ均衡を表している。

1＼2	戦略1	戦略2
戦略1	1, 5	④, ⬚6
戦略2	②, ⬚3	0, 2

続いて，混合戦略のナッシュ均衡を求めよう。$p = (p_1, p_2) \in P_1$, $q = (q_1, q_2) \in P_2$ とする。プレイヤー 1 の期待利得は，

$$E_1(p, q) = p_1(1 \cdot q_1 + 4 \cdot q_2) + p_2(2 \cdot q_1 + 0 \cdot q_2)$$
$$= p_1(q_1 + 4q_2) + (1 - p_1) \cdot 2q_1$$
$$= \{(q_1 + 4(1 - q_1)) - 2q_1\}p_1 + 2q_1$$
$$= \{(4 - 3q_1) - 2q_1\}p_1 + 2q_1$$
$$= (4 - 5q_1)p_1 + 2q_1$$

である。よって，$4 - 5q_1 > 0$ すなわち，$\frac{4}{5} > q_1$ のとき，$p_1 = 1$ が最適反応である。同様に，$4 - 5q_1 = 0$ すなわち，$\frac{4}{5} = q_1$ のとき，$1 \geqq p_1 \geqq 0$ が最適反応である。同様に，$4 - 5q_1 < 0$ すなわち，$\frac{4}{5} < q_1$ のとき，$p_1 = 0$ が最適反応である。これをまとめると，プレイヤー 1 の最適反応は，

$$q_1 < \frac{4}{5} \text{のとき} \quad p_1 = 1$$

$$q_1 = \frac{4}{5} \text{のとき} \quad 0 \leqq p_1 \leqq 1$$

$$q_1 > \frac{4}{5} \text{のとき} \quad p_1 = 0$$

である。またプレイヤー 2 の期待利得は，

$$E_2(p, q) = q_1(5p_1 + 3p_2) + q_2(6p_1 + 2p_2)$$
$$= q_1(2p_1 + 3) + q_2(4p_1 + 2)$$
$$= (-2p_1 + 1)q_1 + 4p_1 + 2$$

である。よってプレイヤー 2 の最適反応は，

$$p_1 < \frac{1}{2} \text{のとき} \quad q_1 = 1$$

$$p_1 = \frac{1}{2} \text{のとき} \quad 0 \leqq q_1 \leqq 1$$

$$p_1 > \frac{1}{2} \text{のとき} \quad q_1 = 0$$

両プレイヤーの最適反応戦略を図示すると次ページの図のようになる。

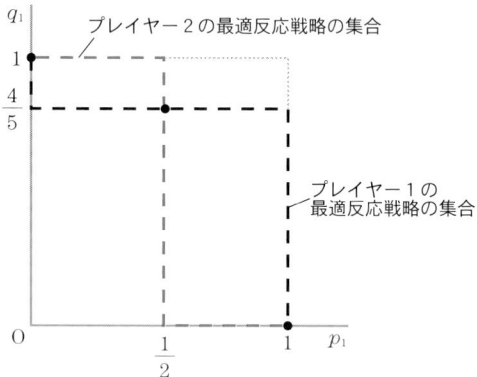

それゆえナッシュ均衡は

$$(p,q) = \begin{cases} ((0,1),(1,0)) \\ \left(\left(\dfrac{1}{2},\dfrac{1}{2}\right),\left(\dfrac{4}{5},\dfrac{1}{5}\right)\right) \\ ((1,0),(0,1)) \end{cases}$$

となる。この方法により全ての純戦略のナッシュ均衡も同時に求められている。ここで，純戦略ナッシュ均衡は狭義ナッシュ均衡であるが，混合戦略ナッシュ均衡は狭義ナッシュ均衡でない。

2.3 演習問題

演習問題 2.1

次の双行列ゲームでナッシュ均衡を純戦略の範囲で求めよ。それらはパレート最適か答えよ。

(1)

1 \ 2	戦略1	戦略2
戦略1	2, 6	1, 1
戦略2	1, 2	4, 3

(2)

1 \ 2	戦略1	戦略2	戦略3
戦略1	0, 0	8, 0	3, 0
戦略2	0, 7	6, 5	3, 8
戦略3	0, 1	2, 2	4, 4

【演習問題2.1の解】

(1) プレイヤー2の戦略1に対するプレイヤー1の最適反応は戦略1，戦略2に対する最適反応は戦略2であることがわかる。次に，プレイヤー1の戦略1に対するプレイヤー2の最適反応は戦略1，戦略2にする最適反応は戦略2であることがわかる。したがって（戦略1，戦略1），（戦略2，戦略2）が純戦略ナッシュ均衡である。いずれの戦略の組もその利得の組よりも2人とも利得が大きくなるような戦略の組がないので，これらは全てパレート最適である。

(2) ナッシュ均衡を図によって求めると次ページの図のようになる。ただし，利得が同じときは，最適反応戦略が複数以上存在することに注意して○，□を付ける。すなわち，純戦略ナッシュ均衡は（戦略1，戦略1），（戦略1，戦略2），（戦略3，戦略3）である。また，これらの中でパレート最適

なものは（戦略1，戦略2）だけである。

1＼2	戦略1	戦略2	戦略3
戦略1	⓪, ⓪	⑧, ⓪	3 , ⓪
戦略2	⓪, 7	6 , 5	3 , ⑧
戦略3	⓪, 1	2 , 2	④, ④

############ 演習問題2.2 ############

以下の双行列ゲームのナッシュ均衡を混合戦略を含めて全て求めよ。

1 \ 2	戦略1	戦略2
戦略1	2, 3	0, 6
戦略2	4, 0	1, 1

【演習問題2.2の解】

プレイヤー1の期待利得は、
$$E_1(p,q) = p_1(2q_1 + 0 \cdot q_2) + p_2(4q_1 + q_2) = (-q_1 - 1)p_1 + 3q_1 + 1$$
である。よってプレイヤー1の最適反応は、

$$0 \leqq q_1 \leqq 1 \text{ のとき } p_1 = 0$$

である。またプレイヤー2の期待利得は、
$$E_2(p,q) = q_1(3p_1 + 0 \cdot p_2) + q_2(6p_1 + p_2)$$
$$= (-2p_1 - 1)q_1 + 5p_1 + 1$$
である。よってプレイヤー2の最適反応は、

$$0 \leqq p_1 \leqq 1 \text{ のとき } q_1 = 0$$

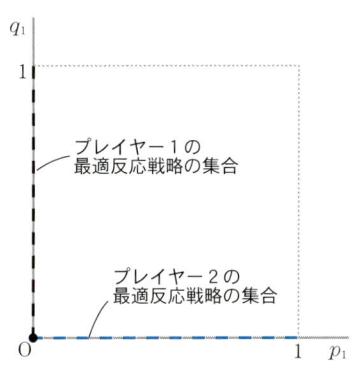

である。両プレイヤーの最適反応戦略は上の図のようになり、それゆえナッシュ均衡は
$$(p,q) = ((0,1), (0,1))$$
となる。

演習問題 2.3

以下の双行列ゲームのナッシュ均衡を混合戦略を含めて全て求めよ。

(1)

1 \ 2	戦略 1	戦略 2
戦略 1	1, 1	100, 0
戦略 2	0, 100	100, 100

(2)

1 \ 2	戦略 1	戦略 2
戦略 1	0, 0	0, 1
戦略 2	1, 0	0, 0

【演習問題 2.3 の解】

(1) プレイヤー 1 の期待利得は,

$$E_1(p,q) = p_1(q_1 + 100q_2) + p_2(100q_2) = p_1q_1 + 100(1-q_1)$$

である。よって,プレイヤー 1 の最適反応は

$$q_1 > 0 \text{ のとき,} \quad p_1 = 1$$
$$q_1 = 0 \text{ のとき,} \quad 0 \leqq p_1 \leqq 1$$

である。またプレイヤー 2 の期待利得は,

$$E_2(p,q) = q_1(p_1 + 100p_2) + q_2(100p_2) = q_1p_1 + 100(1-p_1)$$

である。よってプレイヤー 2 の最適反応は,

$$p_1 > 0 \text{ のとき,} \quad q_1 = 1$$
$$p_1 = 0 \text{ のとき,} \quad 0 \leqq q_1 \leqq 1$$

である。これらの最適反応を図示すると次のようになる。

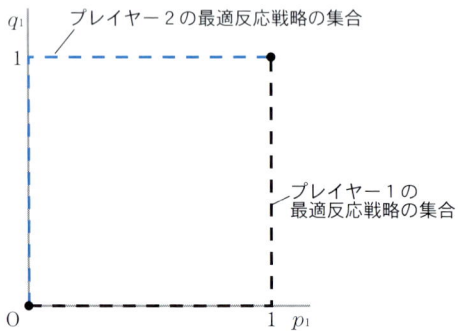

したがって，ナッシュ均衡は，$(p,q) = ((0,1),(0,1)),((1,0),(1,0))$ である。ここで $((1,0),(1,0))$ は弱支配戦略の組である。

(2) プレイヤー 1 の期待利得は，
$$E_1(p,q) = p_1 \cdot 0 + p_2 \cdot q_1 = -p_1 \cdot q_1 + q_1$$
である。よって，プレイヤー 1 の最適反応は
$$q_1 > 0 \text{ のとき,} \quad p_1 = 0$$
$$q_1 = 0 \text{ のとき,} \quad 0 \leqq p_1 \leqq 1$$
である。またプレイヤー 2 の期待利得は，
$$E_2(p,q) = q_1 \cdot 0 + q_2 \cdot p_1 = -q_1 \cdot p_1 + p_1$$
である。よってプレイヤー 2 の最適反応は，
$$p_1 > 0 \text{ のとき,} \quad q_1 = 0$$
$$p_1 = 0 \text{ のとき,} \quad 0 \leqq q_1 \leqq 1$$
である。これらを図示すると 2 つの最適反応戦略集合は完全に重なり次のようになる。

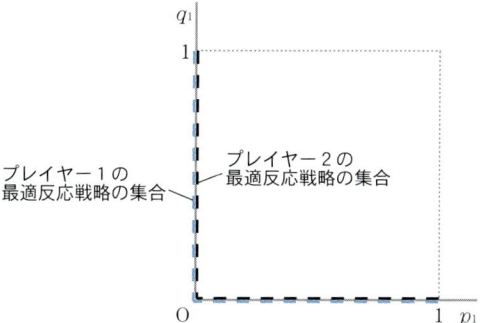

したがって，ナッシュ均衡は，
$$(p,q) = \begin{cases} ((0,1),(t,1-t)) & 0 < t \leqq 1 \text{ のとき} \\ ((s,1-s),(0,1)) & 0 < s \leqq 1 \text{ のとき} \\ ((0,1),(0,1)) & \end{cases}$$
である。

演習問題 2.4

次の 3 人ゲームのナッシュ均衡を純戦略の範囲で求めよ。

プレイヤー 3 ⋯ 戦略 1

1＼2	戦略 1	戦略 2
戦略 1	0, 0, 0	6, 5, 4
戦略 2	5, 4, 6	0, 0, 0

プレイヤー 3 ⋯ 戦略 2

1＼2	戦略 1	戦略 2
戦略 1	4, 6, 5	0, 0, 0
戦略 2	0, 0, 0	0, 0, 0

ここでプレイヤー 3 は左か右の利得行列を選ぶ。また，各マスにおけるプレイヤーの利得は左から順にプレイヤー 1，プレイヤー 2，プレイヤー 3 の利得を表している。

【演習問題 2.4 の解】

ナッシュ均衡は他の全てのプレイヤーの戦略の組に対して最適反応となっている戦略の組であるので，問題の 3 人ゲームにおけるナッシュ均衡は，プレイヤー 3 の戦略を固定した左右の利得行列においてもナッシュ均衡となっていなければならない。まず左の利得行列から考えると，ナッシュ均衡は（戦略 1，戦略 2）と（戦略 2，戦略 1）である。これらが 3 人ゲームのナッシュ均衡であるかを検討するには，プレイヤー 3 が戦略を 1 から 2 へと変更して利得が増加しないことを確認すればよい。すると，プレイヤー 3 は（戦略 1，戦略 2，戦略 1）を（戦略 1，戦略 2，戦略 2）よりも好むし，また（戦略 2，戦略 1，戦略 1）を（戦略 2，戦略 1，戦略 2）よりも好むので，戦略の組（戦略 1，戦略 2，戦略 1）（戦略 2，戦略 1，戦略 1）が 3 人ゲームにおけるナッシュ均衡であることがわかる。右の利得行列についても同様にすれば，（戦略 1，戦略 1，戦略 2）と（戦略 2，戦略 2，戦略 2）がナッシュ均衡であることが確認できる。以上の 4 つがナッシュ均衡である。

ナッシュ均衡は，○をプレイヤー 1 の最適反応，□をプレイヤー 2 の最適反応，△をプレイヤー 3 の最適反応として，次ページの図から求めることもできる。○，□，△が重なっているマスがナッシュ均衡を示している。

2　ナッシュ均衡と混合戦略

プレイヤー3…戦略1

1\2	戦略1	戦略2
戦略1	0, 0, 0	⑥, 5̄, ④
戦略2	⑤, 4̄, ④	0, 0, ④

プレイヤー3…戦略2

1\2	戦略1	戦略2
戦略1	④, 6̄, ⑤	⓪, 0, 0
戦略2	0, 0̄, 0	⓪, 0̄, ④

######## 演習問題 2.5 ########

以下の双行列ゲームでナッシュ均衡を混合戦略の範囲で全て求めよ。

(1)

1 \ 2	戦略1	戦略2	戦略3
戦略1	2, 6	1, 1	2, 5
戦略2	1, 2	4, 3	1, 1
戦略3	0, 2	3, 4	4, 1

(2)

1 \ 2	戦略1	戦略2
戦略1	4, 0	2, 5
戦略2	1, 2	5, 1
戦略3	2, 6	3, 3

【演習問題 2.5 の解】

(1) プレイヤー2の戦略3は戦略1によって強支配されるので、混合戦略まで含めたときでもプレイヤー2は戦略3をとらない。さらに、プレイヤー2が戦略3をとらないときには、プレイヤー1の戦略3は戦略2に強支配されるので、残った戦略で混合戦略ナッシュ均衡を求めればよい。すると、ナッシュ均衡は、

$$(p, q) = \begin{cases} ((0,1,0),(0,1,0)) \\ ((1,0,0),(1,0,0)) \\ \left(\left(\frac{1}{6}, \frac{5}{6}, 0\right), \left(\frac{3}{4}, \frac{1}{4}, 0\right)\right) \end{cases}$$

と求まる。

(2) $p \in P_1, q \in P_2$ とする。プレイヤー1の各純戦略に対する期待利得を求めると、

$$E_1(s_1, q) = 4q_1 + 2q_2 = 2q_1 + 2$$
$$E_1(s_2, q) = q_1 + 5q_2 = -4q_1 + 5$$
$$E_1(s_3, q) = 2q_1 + 3q_2 = -q_1 + 3$$

となる。これを図示すると下の図のようになり，プレイヤー 1 の最適反応は，

$$q_1 < \frac{1}{2} \quad \text{のとき，} \quad p_2 = 1$$
$$q_1 = \frac{1}{2} \quad \text{のとき，} \quad p_1 + p_2 = 1$$
$$q_1 > \frac{1}{2} \quad \text{のとき，} \quad p_1 = 1$$

となる。それゆえプレイヤー 1 は戦略 3 をとらない。以下 $p_3 = 0$ としてプレイヤー 2 の最適反応を求めればナッシュ均衡は $\left(\frac{1}{6}, \frac{5}{6}, 0\right), \left(\frac{1}{2}, \frac{1}{2}\right)$ と求まる。

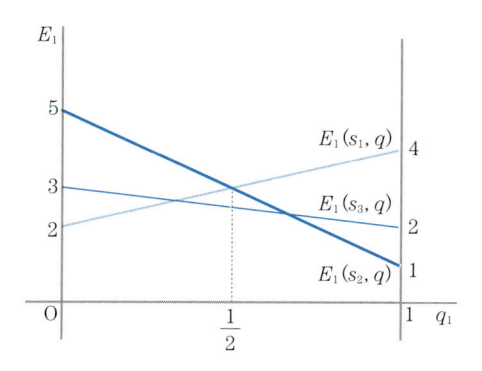

演習問題 2.6

以下の双行列ゲームでナッシュ均衡を混合戦略の範囲で全て求めよ。

1 \ 2	戦略1	戦略2	戦略3
戦略1	0, 0	8, 0	3, 0
戦略2	0, 7	6, 5	3, 8
戦略3	0, 1	2, 2	4, 4

【演習問題 2.6 の解】

$p \in P_1$, $q \in P_2$ とし，次の場合分けをしてナッシュ均衡を求める。

$p_1 \neq 1$ のとき。このときプレイヤー2は戦略3が戦略1，2を強支配しているので $q_3 = 1$ とするのが最適反応である。またこれに対してのプレイヤー1の最適反応は戦略3をとることなので，$((0,0,1),(0,0,1))$ はナッシュ均衡である。

$p_1 = 1$ のとき。このときプレイヤー2は全ての戦略が最適反応である。それゆえ，プレイヤー1にとって戦略1をとることが最適反応となるような q の条件を求める。プレイヤー1の各純戦略に対する期待利得は，

$$E_1(s_1, q) = 8q_2 + 3q_3$$
$$E_1(s_2, q) = 6q_2 + 3q_3$$
$$E_1(s_3, q) = 2q_2 + 4q_3$$

となる。戦略1が最適反応となる条件は $E_1(s_1, q) \geqq E_1(s_2, q), E_1(s_3, q)$ なので，これらを解くと，

$$q_2 \geqq 0, \quad q_2 \geqq \frac{q_3}{6}$$

と求まる。この条件を満たす戦略は全てナッシュ均衡となる。

以上よりナッシュ均衡は，

$$(p, q) = \begin{cases} ((0,0,1),(0,0,1)) \\ ((1,0,0),(q_1,q_2,q_3)) \end{cases} \text{ただし，} q_2 \geqq \frac{q_3}{6} \text{ かつ } q_1 + q_2 + q_3 = 1$$

となる。

演習問題2.7*

次の3人ゲームの純戦略ナッシュ均衡を全て求めよ．さらに，全ての混合戦略ナッシュ均衡を求めよ．

プレイヤー3…戦略1

1＼2	戦略1	戦略2
戦略1	4, 2, −4	0, 0, 0
戦略2	0, 0, 0	8, 4, −6

プレイヤー3…戦略2

1＼2	戦略1	戦略2
戦略1	6, 3, −6	0, 0, 0
戦略2	0, 0, 0	2, 1, −2

【演習問題2.7の解】

純戦略ナッシュ均衡は（戦略1, 戦略1, 戦略1）と（戦略2, 戦略2, 戦略2）である．次に混合戦略ナッシュ均衡を求める．プレイヤー1, 2, 3の混合戦略をそれぞれ $(p, 1-p), (q, 1-q), (r, 1-r)$ とする．$0 < p, q, r < 1$ のケースから考える．すると，定理2.2より，全ての純戦略が他のプレイヤーの混合戦略の組に対する最適反応戦略でなければならないから

$$4qr + 6q(1-r) = 8(1-q)r + 2(1-q)(1-r)$$
$$2pr + 3p(1-r) = 4(1-p)r + (1-p)(1-r)$$
$$-4pq - 6(1-p)(1-q) = -6pq - 2(1-p)(1-q)$$

が成立する必要がある．上の2つの式を連立させると $0 < r < 1$ より $p = q$ を得る．これを3番目の等式に代入すると

$$p^2 - 4p + 2 = 0$$

となり，これを解いて $p = 2 \pm \sqrt{2}$ を得るが，$0 < p < 1$ より $p = q = 2 - \sqrt{2}$ を得る．第2番目の等式から，

$$r = \frac{-4p+1}{2p-3} = \frac{10\sqrt{2}-9}{7}$$

を得る．すなわち，混合戦略ナッシュ均衡として

$$\left((2-\sqrt{2}, \sqrt{2}-1), (2-\sqrt{2}, \sqrt{2}-1), \left(\frac{10\sqrt{2}-9}{7}, \frac{16-10\sqrt{2}}{7}\right)\right)$$

を得る．

次に $p=1$ のケースを考える．このとき，プレイヤー 2, 3 の直面するゲームは以下の双行列ゲームとして表現できる．

2＼3	戦略 1	戦略 2
戦略 1	2, −4	2, −6
戦略 2	0, 0	0, 0

このゲームには唯一のナッシュ均衡（戦略 1，戦略 1）が存在し，このケースはもとのゲームの純戦略ナッシュ均衡と一致する．また，$p=0, q=0, q=1$ のケースも同様の結果を得る．

次に $r=1$ のケースを考える．このとき，プレイヤー 1, 2 の直面するゲームは以下の双行列ゲームとして表現できる．

1＼2	戦略 1	戦略 2
戦略 1	4, 2	0, 0
戦略 2	0, 0	8, 4

このゲームには純戦略ナッシュ均衡（戦略 1，戦略 1），（戦略 2，戦略 2）が存在し，前者と $r=1$ の組はもとのゲームの純戦略ナッシュ均衡であり，後者はもとのゲームのナッシュ均衡ではない．また，このゲームには混合戦略ナッシュ均衡 $\left(\left(\frac{2}{3},\frac{1}{3}\right),\left(\frac{2}{3},\frac{1}{3}\right)\right)$ が存在する．プレイヤー 3 の $r=1, 0$ のときの期待利得は，

$$E_3\left(\left(\frac{2}{3},\frac{1}{3}\right),\left(\frac{2}{3},\frac{1}{3}\right),(1,0)\right) = -\frac{16}{9}-\frac{6}{9} = -\frac{22}{9}$$

$$E_3\left(\left(\frac{2}{3},\frac{1}{3}\right),\left(\frac{2}{3},\frac{1}{3}\right),(0,1)\right) = -\frac{24}{9}-\frac{2}{9} = -\frac{26}{9}$$

より $E_3\left(\left(\frac{2}{3},\frac{1}{3}\right),\left(\frac{2}{3},\frac{1}{3}\right),(1,0)\right) > E_3\left(\left(\frac{2}{3},\frac{1}{3}\right),\left(\frac{2}{3},\frac{1}{3}\right),(0,1)\right)$ であるので，

$$\left(\left(\frac{2}{3},\frac{1}{3}\right),\left(\frac{2}{3},\frac{1}{3}\right),(1,0)\right)$$

はもとのゲームのナッシュ均衡である．

また同様に $r=0$ のケースを考えれば，$\left(\left(\frac{1}{4},\frac{3}{4}\right),\left(\frac{1}{4},\frac{3}{4}\right),(0,1)\right)$ もナッシュ均衡であることがわかる．

したがってナッシュ均衡は次の 5 つである。

$((1,0),(1,0),(1,0)),$

$((0,1),(0,1),(0,1)),$

$\left(\left(\frac{2}{3},\frac{1}{3}\right),\left(\frac{2}{3},\frac{1}{3}\right),(1,0)\right),$

$\left(\left(\frac{1}{4},\frac{3}{4}\right),\left(\frac{1}{4},\frac{3}{4}\right),(0,1)\right),$

$\left((2-\sqrt{2},\sqrt{2}-1),(2-\sqrt{2},\sqrt{2}-1),\left(\frac{10\sqrt{2}-9}{7},\frac{16-10\sqrt{2}}{7}\right)\right)$

演習問題 2.8 （定理 2.3）

戦略形 n 人ゲームにおいて，強支配される戦略の逐次消去により，ただ一つの戦略の組 $(s_1^*, s_2^*, ..., s_n^*)$ のみが残されたとする。このとき，それがこのゲームの唯一のナッシュ均衡になることを証明せよ。

【演習問題 2.8 の解】

まず，$s^* = (s_1^*, s_2^*, ..., s_n^*)$ がナッシュ均衡であることを示す。ナッシュ均衡でないと仮定すると，あるプレイヤー i の戦略 $\hat{s}_i \neq s_i^*$ で，

$$f_i(\hat{s}_i, s_{-i}^*) = \max\{f_i(s_i, s_{-i}^*) \mid s_i \in S_i\}$$

となるものが存在する。ここで，s_{-i}^* は，s^* から得られる s_i^* を除いた戦略の組 $(s_1^*, s_2^*, ..., s_{i-1}^*, s_{i+1}^*, ..., s_n^*)$ を表している。その一方，$\hat{s}_i$ は逐次消去により消去され，s_i^* は逐次消去により残る戦略なので，$\hat{s}_i$ を消去した戦略を $\bar{s}_i$ とすれば，

$$f_i(\bar{s}_i, s_{-i}^*) > f_i(\hat{s}_i, s_{-i}^*)$$

が成り立つはずである。さらに，同様に $\bar{s}_i$ を消去した戦略 $\bar{s}_i{}'$ が存在するはずである。この議論を続けると，プレイヤーは無限に純戦略をもつことになるので矛盾である。

次に s^* が唯一のナッシュ均衡であることを示す。$s' \neq s^*$ がナッシュ均衡であると仮定する。$s_1', \cdots, s_n'$ の中で，始めに逐次消去される戦略を s_i' とし，それを消去する戦略を $\hat{s}_i$ とする。逐次消去の定義より，このとき，

$$f_i(\hat{s}_i, s_{-i}') > f_i(s')$$

が成り立つはずであり，これは s' がナッシュ均衡であることに矛盾する。

演習問題 2.9 (ナッシュの要求ゲーム)

100 万円を 2 人で分けるとする。2 人の戦略は 0 以上 100 万円以下で自分の希望金額を述べることである。その額を s_1 万円, s_2 万円とすると, $s_1 + s_2 \leqq 100$ のときは 2 人はその額を得, $s_1 + s_2 > 100$ のときは 2 人は何も得られない。このとき, 全ての純戦略ナッシュ均衡を求めよ。

【演習問題 2.9 の解】

プレイヤー 1 の最適反応戦略は,

$$s_1 = \begin{cases} 100 - s_2 & if \quad 0 \leqq s_2 < 100, \\ 任意 & if \quad s_2 = 100 \end{cases}$$

であり, プレイヤー 2 の最適反応戦略は,

$$s_2 = \begin{cases} 100 - s_1 & if \quad 0 \leqq s_1 < 100, \\ 任意 & if \quad s_1 = 100 \end{cases}$$

である。これらを図示すると以下のようになり, それゆえナッシュ均衡は, $0 \leqq t \leqq 100$ として $(s_1, s_2) = (t, 100 - t)$ と $(s_1, s_2) = (100, 100)$ である。

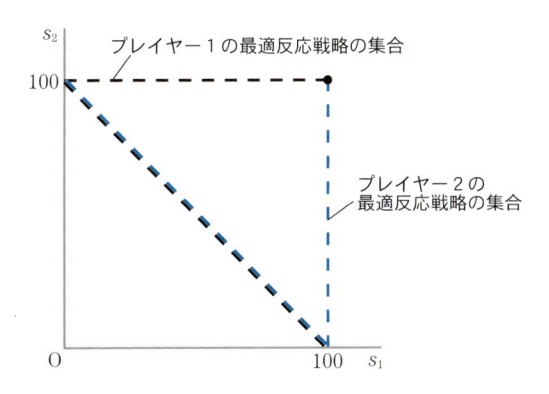

演習問題 2.10

3人のプレイヤー 1, 2, 3 が 3人の候補 A, B, C のいずれかに同時に投票をする。白票や棄権は許されない。多数の票を得た候補が選出されるが，各候補とも 1 票で同数の場合は候補 A が選出される。各プレイヤーの各候補に対する評価（利得）は，

プレイヤー 1 　　　$A \cdots 2$, 　　$B \cdots 1$, 　　$C \cdots 0$
プレイヤー 2 　　　$A \cdots 0$, 　　$B \cdots 2$, 　　$C \cdots 1$
プレイヤー 3 　　　$A \cdots 1$, 　　$B \cdots 0$, 　　$C \cdots 2$

で与えられる。各プレイヤーの戦略を $\{A, B, C\}$ としたとき，このゲームの純戦略ナッシュ均衡を全て求めよ。さらに支配される戦略の逐次消去による結果を求めよ。

【演習問題 2.10 の解】

利得行列は以下のように表せる。プレイヤー 1, 2, 3 の最適反応をそれぞれ ○, □, △ で表すと，ナッシュ均衡は (A, A, A), (A, B, A), (A, C, C), (B, B, B), (C, C, C) となることがわかる。

プレイヤー 3 ⋯ A

1 \ 2	A	B	C
A	②, ⓪, △	②, ⓪, △	②, ⓪, 1
B	②, 0, △	1, ②, △	②, 0, 1
C	②, 0, 1	②, 0, 1	0, ①, △

プレイヤー 3 ⋯ B

1 \ 2	A	B	C
A	②, 0, △	①, ②, 0	②, 0, 1
B	1, ②, 0	①, ②, △	1, ②, 0
C	②, 0, 1	①, ②, 0	0, 1, △

プレイヤー 3 ⋯ C

1 \ 2	A	B	C
A	②, 0, △	②, 0, △	⓪, ①, △
B	②, 0, △	1, ②, △	⓪, 1, △
C	0, ①, △	0, ①, △	⓪, ①, △

さらに，プレイヤー 1 の戦略 A は他の戦略を支配する。プレイヤー 3 の戦略 C は他の戦略を支配する。プレイヤー 1 が戦略 A，プレイヤー 3 が戦略 C をとるとするとプレイヤー 2 は戦略 C をとることが最適である。したがって逐次消去による結果は (A, C, C) である。

演習問題 2.11

企業 1, 2 は同種の製品の広告競争をしている。1, 2 の広告に費やす費用が x_1, x_2 であるときの 1, 2 の利潤が各々 $1000x_1 - (x_1)^2 - (x_2)^2$, $1000x_2 - x_1 x_2 - (x_2)^2$ であるとする。両企業が利潤最大化を目指すとき、ナッシュ均衡における両企業の広告費 x_1, x_2 を求めよ。さらに強支配戦略の逐次消去による結果と比較せよ。

【演習問題 2.11 の解】

各企業の利潤を π_1, π_2 とすると、

$$\frac{\partial \pi_1}{\partial x_1} = 1000 - 2x_1 = 0, \qquad \frac{\partial \pi_2}{\partial x_2} = 1000 - x_1 - 2x_2 = 0$$

より $x_1 = 500, x_2 = 250$ となるから $(500, 250)$ は唯一のナッシュ均衡となる。さらに π_1 は

$$\pi_1(x_1, x_2) = -(x_1 - 500)^2 + 2500 - (x_2)^2$$

となるから企業 1 は $x_1 = 500$ が強支配戦略である。この戦略に対し、企業 2 の利潤は、

$$\pi_2(500, x_2) = 1000x_2 - 500x_2 - (x_2)^2$$
$$= -(x_2 - 250)^2 + 62500$$

となり、企業 2 の強支配戦略は $x_2 = 250$ となることがわかる。したがって強支配戦略の逐次消去による結果は $(500, 250)$ となり唯一のナッシュ均衡と一致する。

演習問題 2.12 (共有地の悲劇)

n 人の農夫 $1, 2, ..., n$ がおり、彼等全てが自由に自分の牛を放牧できる共有地がある。各農夫 $i = 1, 2, ..., n$ が x_i 頭の牛を放牧し、合計 $x = x_1 + ... + x_n$ 頭の牛がこの共有地に放牧され草を食べるとき、牛1頭あたり $v(x)$ (関数 v は2回微分可能な関数とする) の利益が得られる。この共有地で飼える牛の頭数には限りがあり、その最大値を M とする。$x < M$ であれば $v(x) > 0$、$x \geqq M$ であれば $v(x) = 0$ である。

放牧される牛が増えれば1頭の牛が食べられる草は減るから、$v(x)$ は x に関して減少する。すなわち、$x < M$ のとき、$v'(x) < 0$ となる。また、少しの牛しかいない場合にはそこにもう1頭加わっても、もとからいた牛はそれほど害を被らないが、すでに多数の牛が放牧されている場合には、そこに1頭加わると元からいた牛は大きな損害を被る。すなわち、$x < M$ のとき、$v''(x) < 0$ となる。また、牛1頭を飼育するには c の費用がかかるものとする。n 人の農夫はそれぞれ自分自身の純利益最大化を目指して、何頭の牛を放牧するかを同時かつ独立に決定するとする。

このときのナッシュ均衡における総放牧数と、社会的に見て望ましい、つまり n 人の農夫全体の純利益を最大にする、総放牧数とはどちらが大きいか論じよ。

【演習問題 2.12 の解】

農夫 i の利潤を π_i とすれば、

$$\pi_i(x_1, \cdots, x_n) = x_i v(x) - c x_i$$

となる。農夫 i の利潤最大化行動より、

$$\frac{\partial \pi_i}{\partial x_i} = v(x) + x_i v'(x) - c = 0, \ \forall i = 1, \cdots, n$$

となる。i について足し合わせれば、

$$n v(x) + x v'(x) - n c = 0 \iff v(x) + \frac{x}{n} v'(x) = c$$

となる。上式を満たす x を $\hat{x}$ とする。

次に農夫全体の利潤の最大化を考える。農夫全体の利潤を Π とすれば、

$$\Pi(x_1,\cdots,x_n) = \sum_{i=1}^{n} \pi_i(x_1,\cdots,x_n) = xv(x) - cx$$

より，Π は x の関数とみなせる。よって，

$$\frac{\partial \Pi}{\partial x} = v(x) + xv'(x) - c = 0$$

より，

$$v(x) + xv'(x) = c$$

となる。上式を満たす x を $\bar{x}$ とする。

ここで，$\hat{x} < M$, $\bar{x} < M$ に注意して $x < M$ のとき，$g(x) = v(x) + \frac{x}{n}v'(x)$, $h(x) = v(x) + xv'(x)$ とする。すると $v'(x) < 0$ より $g(x) > h(x)$ であり，また条件より $M > x > 0$ のとき $g'(x) < 0$, $h'(x) < 0$ となり，$g(x), h(x)$ ともに単調減少関数である。それゆえ，$g(\hat{x}) = h(\bar{x}) = c$ より $\hat{x} > \bar{x}$ となり，ナッシュ均衡における放牧数は社会的に見て望ましい放牧数よりも大きいことがわかる。

2.4 練習問題

● 問題 2.1

純戦略ナッシュ均衡が存在しない双行列ゲームの例，ナッシュ均衡が存在しパレート最適となる双行列ゲームの例，およびナッシュ均衡が存在しパレート最適とならない双行列ゲームの例を作れ．

● 問題 2.2

次の双行列ゲームにおいて，混合戦略まで考えたとき強支配される戦略を逐次消去して得られるゲームにおけるナッシュ均衡を求めよ．

1＼2	t_1	t_2	t_3
s_1	2, 0	1, 1	4, 2
s_2	3, 4	1, 2	2, 3
s_3	1, 3	0, 2	3, 0

● 問題 2.3

2企業 A，B は競争関係にある製品の TV コマーシャルを朝 (M)，または夜 (N) のいずれかに流したい．視聴者の 40 ％は朝しか TV を見ず，視聴者の 60 ％は夜しか TV を見ない．朝と夜の両方を見る視聴者はいないとする．2企業が同じ時間帯（つまり，同時に朝，または同時に夜）を選べば，それぞれ視聴者の 30 ％に売れる．異なる時間帯を選べば，それぞれ視聴者の 50 ％に売れる．

(1) 自社製品を買ってくれる視聴者の割合（％）を利得とする利得行列を書け．

(2) 全てのナッシュ均衡を求めよ．

●**問題 2.4** *

次のゲームについて以下の問に答えよ。

1 \ 2	L	M	R
T	6, 6	0, 0	2, 7
M	4, 0	4, 4	3, 0
B	7, 2	0, 3	0, 0

(1) このゲームの純戦略ナッシュ均衡を全て求めよ。

(2) 定理 2.2 を用いて混合戦略の組, $(p,q) = \left(\left(\frac{2}{3}, 0, \frac{1}{3}\right), \left(\frac{2}{3}, 0, \frac{1}{3}\right)\right)$ がナッシュ均衡であることを確かめよ。

(3) 事象 E, F, G が各々確率 $\frac{1}{3}, \frac{1}{3}, \frac{1}{3}$ で生起するルーレットがある。プレイヤー 1 は E が生起したか否かのみを知ることができ, プレイヤー 2 は G が生起したか否かのみを知ることができるとする。Ω を全事象とするとき $f_1^*(E) = B, f_1^*(\Omega \backslash E) = T; f_2^*(G) = R, f_2^*(\Omega \backslash G) = L$ で与えられる関数の組 $f^* = (f_1^*, f_2^*)$ を考える。f^* のもとでのプレイヤー 1 の期待利得を求め, さらに, f_1^* は f_2^* に対する最適反応であることを示せ。

3

2人ゼロ和ゲーム

　この章では，2人の間で完全に利害が対立する状況を表現する2人ゼロ和ゲームにおいて，マックスミニ戦略とミニマックス戦略を紹介する。これらはナッシュ均衡戦略に対応する戦略であるが，混合戦略の範囲まで広げると，いわゆるミニマックス定理が成り立ち，いくつかの意味で最適な戦略となる。すなわち，マックスミニ戦略とミニマックス戦略は2人ゼロ和ゲームにおけるプレイヤーの最適な行動の指針となる。本章ではナッシュ均衡と異なる計算方法によりこれらの戦略を求める方法が示されている。ここで，ミニマックス定理はフォン・ノイマンによって初めて証明された定理であり，歴史的にはナッシュ均衡よりも先に考察がなされたが，本書では，ナッシュ均衡の2人ゼロ和ゲームへの適用という形で解説しており，このような順番で提示した。

3.1　重要事項のまとめ

◆ **2人ゼロ和ゲーム**　2人のプレイヤーの利害が完全に対立している2人戦略形ゲームを 2人ゼロ和ゲーム とよぶ。このとき，一般に，プレイヤー集合は $N = \{1, 2\}$ であり，利得関数は $\pi_1 = f(s, t), \pi_2 = -\pi_1$ で与えられる。また，プレイヤー1を 最大化プレイヤー，プレイヤー2を 最小化プレイヤー とよぶ。2人ゼロ和ゲームは一般に次のような行列の形で表現することができ，それを 行列ゲーム とよぶ。

1＼2	戦略 1 (t_1)	戦略 2 (t_2)	$\cdots$	戦略 l (t_l)	ミニ値
戦略 1 (s_1)	a_{11}	a_{12}	$\cdots$	a_{1l}	$\min_k a_{1k}$
戦略 2 (s_2)	a_{21}	a_{22}	$\cdots$	a_{2l}	$\min_k a_{2k}$
$\vdots$	$\vdots$	$\vdots$	$\ddots$	$\vdots$	$\vdots$
戦略 m (s_m)	a_{m1}	a_{m2}	$\cdots$	a_{ml}	$\min_k a_{mk}$
マックス値	$\max_j a_{j1}$	$\max_j a_{j2}$	$\cdots$	$\max_j a_{jl}$	

◆ **マックスミニ戦略・ミニマックス戦略**　各プレイヤーの戦略に対し，そのとき起こり得る自分にとって最悪の利得をその戦略の 保証水準 と呼ぶ。

　最大化プレイヤーにとって保証水準を最大化する戦略を マックスミニ戦略 といい，そのときの利得を マックスミニ値 という。

　最小化プレイヤーにとって，自分の保証水準は相手の利得の最大値であり，保証水準を最大化することは相手の利得の最大値を最小化することである。そのような戦略を ミニマックス戦略 といい，そのときの相手の利得を ミニマックス値 という。

　　マックスミニ値：$\max_{s \in S_1} \min_{t \in S_2} f(s, t)$
　　ミニマックス値：$\min_{t \in S_2} \max_{s \in S_1} f(s, t)$

3　2人ゼロ和ゲーム

◆ **鞍点**　戦略の組において，相手の戦略を固定したとき，最大化プレイヤーにとっては利得を最大化する戦略であり，最小化プレイヤーにとっては相手の利得を最小化する戦略であるとき，その戦略の組を<ruby>鞍点<rt>あんてん</rt></ruby>とよぶ。

鞍点は，ナッシュ均衡点の性質と，「相手がその戦略から手を変えたとき自分の利得は減少することがない」という性質をもっている。

鞍点 $(\hat{s}, \hat{t})$：全ての1の戦略 $s \in S_1$，全ての2の戦略 $t \in S_2$ について，

$$f(\hat{s}, t) \geq f(\hat{s}, \hat{t}) \geq f(s, \hat{t})$$

◆ **最適戦略**　マックスミニ値とミニマックス値が等しいとき，そのようなマックスミニ戦略とミニマックス戦略を最適戦略とよぶ。最適戦略が存在するとき，そのマックスミニ値をゲームの値とよぶ。

最適戦略 (s^*, t^*)：プレイヤー1の最適戦略 s^* とプレイヤー2の最適戦略 t^* は次式を満たすものとして与えられる。

$$f(s^*, t^*) = \max_{s \in S_1} \min_{t \in S_2} f(s, t) = \min_{t \in S_2} \max_{s \in S_1} f(s, t)$$

■ 重要な定理

> **定理 3.1**
> 2人ゼロ和ゲームにおけるナッシュ均衡は鞍点に一致する。

> **定理 3.2**
> 鞍点が存在すればそれは最適戦略の組となり，逆も成り立つ。

> **定理 3.3（ミニマックス定理）**
> 2人ゼロ和ゲームでは混合戦略の範囲で最適戦略が存在する。（すなわち，ミニマックス値とマックスミニ値が一致する）

3.2 例題

例題 3.1(定理 3.1)

2人ゼロ和ゲームにおけるナッシュ均衡は鞍点に一致する。

例題 3.1 の解

(s^*, t^*) を(純戦略あるいは混合戦略)ナッシュ均衡とし,$f_i(s,t)$ を i の利得関数あるいは期待利得関数とする。このとき,定義から,全ての s, t に対して,

$$f_1(s^*, t^*) \geqq f_1(s, t^*)$$
$$f_2(s^*, t^*) \geqq f_2(s^*, t)$$

が成り立つ。

$$-f_2(s, t) = f_1(s, t) = f(s, t)$$

であるから,$-f_2(s^*, t^*) \leqq -f_2(s^*, t)$ より,

$$f(s, t^*) \leqq f(s^*, t^*) \leqq f(s^*, t)$$

が成り立つ。

例題 3.2

次の2人ゼロ和ゲームにおいて，純戦略の範囲でマックスミニ値，ミニマックス値を求めよ。また，もし鞍点があれば，それを指摘せよ。

(1)

1 \ 2	戦略1	戦略2	戦略3
戦略1	7	3	0
戦略2	5	4	6
戦略3	1	2	8

(2)

1 \ 2	戦略1	戦略2	戦略3
戦略1	8	4	6
戦略2	2	5	4
戦略3	4	2	7

例題3.2の解

(1) プレイヤー1の戦略1の保証水準（ミニ値）は，7，3，0の中の最小値なので0である。同様にすれば，戦略2，3のミニ値はそれぞれ4，1と求まる。マックスミニ値はミニ値の最大値なので，0，4，1の中の最大値4である。

プレイヤー2の戦略1の保証水準（マックス値）は，7，5，1の中の最大値なので7である。同様にすれば，戦略2，3のマックス値はそれぞれ4，8と求まる。ミニマックス値はマックス値の最小値なので，7，4，8の中の最小値4である。ミニマックス値とマックスミニ値が一致するので，鞍点は（戦略2，戦略2）である。

これを図で求めると，次のようになる。

1 \ 2	戦略1	戦略2	戦略3	ミニ値
戦略1	7	3	0	0
戦略2	5	④	6	④
戦略3	1	2	8	1
マックス値	7	④	8	

(2) プレイヤー1の戦略1のミニ値は，8, 4, 6の中の最小値なので4である。同様にすれば，戦略2, 3のミニ値はそれぞれ2, 2と求まる。マックスミニ値はミニ値の最大値なので，4, 2, 2の中の最大値4である。

プレイヤー2の戦略1のマックス値は，8, 2, 4の中の最大値なので8である。同様にすれば，戦略2, 3のマックス値はそれぞれ5, 7と求まる。ミニマックス値はマックス値の最小値なので，8, 5, 7の中の最小値5である。

これを図で求めると，以下のようになる。

1＼2	戦略1	戦略2	戦略3	ミニ値
戦略1	8	4	6	④
戦略2	2	5	4	2
戦略3	4	2	7	2
マックス値	8	⑤	7	

ミニマックス値とマックスミニ値が一致しないので鞍点は存在しない。

― 例題 3.3 ―

次の 2 人ゼロ和ゲームにおいて，混合戦略の範囲で最適戦略を求めよ．

1 \ 2	戦略 1	戦略 2
戦略 1	2	3
戦略 2	5	1

例題 3.3 の解

プレイヤー 1 が混合戦略 $p = (p_1, p_2)$ をとっているときのプレイヤー 2 の純戦略に対する期待利得は，戦略 1 を t_1，戦略 2 を t_2 とすると，

$$E(p, t_1) = 2p_1 + 5p_2 = -3p_1 + 5$$
$$E(p, t_2) = 3p_1 + p_2 = 2p_1 + 1$$

と求まる．これを図示すると下の図のようになる．プレイヤー 2 は最小化プレイヤーであるからプレイヤー 2 の最適反応は破線で表される．プレイヤー 1 はプレイヤー 2 の最適反応を考慮して利得 E を最大化するのでマックスミニ値は，$p_1 = \frac{4}{5}$ のときの $\frac{13}{5}$ となる．

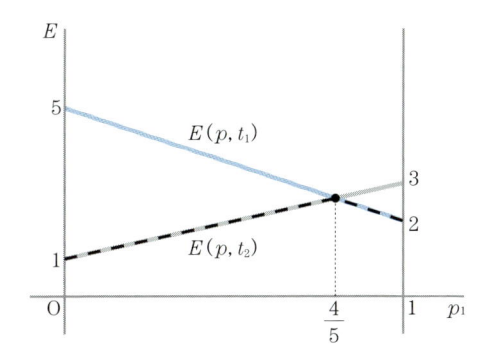

またこのとき，プレイヤー 2 が混合戦略 $q = (q_1, q_2)$ をとっているときのプレイヤー 1 の純戦略に対する（プレイヤー 1 の）期待利得は，戦略 1 を s_1，戦略 2 を s_2 とすると，

$$E(s_1, q) = 2q_1 + 3q_2 = -q_1 + 3$$
$$E(s_2, q) = 5q_1 + q_2 = 4q_1 + 1$$

となる。プレイヤー2の期待利得はこれらの逆符号である。これを図示すると下の図のようになる。プレイヤー1は最大化プレイヤーであるからプレイヤー1の最適反応は破線で表される。プレイヤー2はプレイヤー1の最適反応を考慮して利得 E を最小化するので $q_1 = \frac{2}{5}$ のときにミニマックス値 $\frac{13}{5}$ となることがわかる。それゆえ鞍点は $(p, q) = \left(\left(\frac{4}{5}, \frac{1}{5}\right), \left(\frac{2}{5}, \frac{3}{5}\right)\right)$ であり、これが最適戦略である。

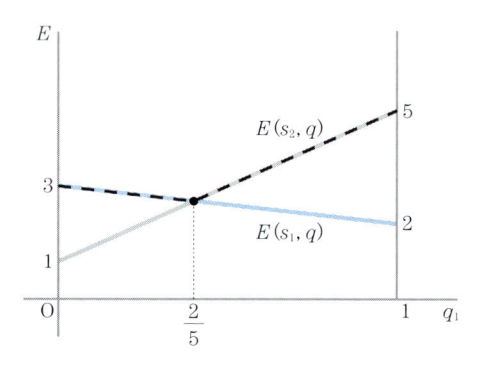

3.3　演習問題

||||||||| 演習問題 3.1 |||||||||||||||||||||||||||||||||||||||||||||||||||||||||||||||||||||||

2 人ゼロ和ゲームにおいて，S_1, S_2 をプレイヤー 1，2 の純戦略の集合とするとき，$\max_{s \in S_1} \min_{t \in S_2} f(s,t) \leqq \min_{t \in S_2} \max_{s \in S_1} f(s,t)$ が成り立つことを証明せよ。

【演習問題 3.1 の解】

全ての s', t' に対して，
$$\min_{t \in S_2} f(s', t) \leqq f(s', t')$$
が成り立つ。よって $\max_{s \in S_1} \min_{t \in S_2} f(s,t) = f(\hat{s}, \hat{t})$ とすると
$$f(\hat{s}, \hat{t}) \leqq f(\hat{s}, t') \quad \forall t' \in S_2$$
が成り立つ。したがって
$$f(\hat{s}, \hat{t}) \leqq \max_{s \in S_1} f(s, t') \quad \forall t' \in S_2$$
が成り立ち，よって
$$f(\hat{s}, \hat{t}) \leqq \min_{t \in S_2} \max_{s \in S_1} f(s,t)$$
を得る。すなわち
$$\max_{s \in S_1} \min_{t \in S_2} f(s,t) \leqq \min_{t \in S_2} \max_{s \in S_1} f(s,t)$$
が成り立つ。

演習問題 3.2

以下の 2 人ゼロ和ゲームの最適戦略を求めよ。

1 \ 2	戦略 1	戦略 2	戦略 3	戦略 4
戦略 1	5	7	2	4
戦略 2	2	1	5	4

【演習問題 3.2 の解】

$p = (p_1, p_2) \in P_1$, $q = (q_1, q_2, q_3, q_4) \in P_2$ とする。このとき，プレイヤー 1 が混合戦略 p をとっているときのプレイヤー 1 の純戦略に対する期待利得は，

$$E(p, t_1) = 5p_1 + 2p_2 = 3p_1 + 2$$
$$E(p, t_2) = 7p_1 + p_2 = 6p_1 + 1$$
$$E(p, t_3) = 2p_1 + 5p_2 = -2p_1 + 5$$
$$E(p, t_4) = 4p_1 + 4p_2 = 4$$

と求まる。これを図示し，プレイヤー 1 の最適反応を破線で示すと下の図のようになり，それゆえマックスミニ値は，$p_1 = \frac{1}{2}$ のときの $\frac{7}{2}$ となる。

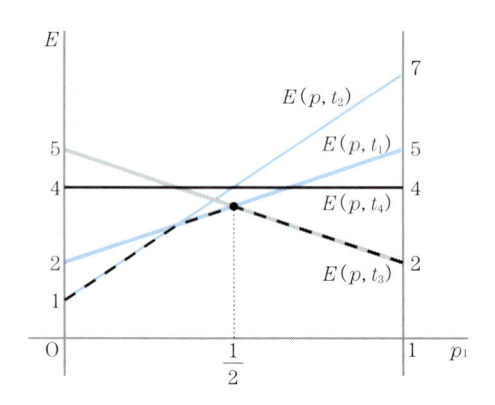

またこのとき，プレイヤー 2 は戦略 t_2, t_4 をとらないので，$q_2 = 0$, $q_4 = 0$ としてよい。すると，プレイヤー 2 が混合戦略 q をとっているときのプレイ

ヤー 1 の純戦略に対する期待利得は，

$$E(s_1, q) = 5q_1 + 2q_3 = 3q_1 + 2$$
$$E(s_2, q) = 2q_1 + 5q_3 = -3q_1 + 5$$

となる。これを図示すると下の図のようになり，$q_1 = \frac{1}{2}$ のときにミニマックス値 $\frac{7}{2}$ となることがわかる。それゆえ鞍点は $(p, q) = \left(\left(\frac{1}{2}, \frac{1}{2}\right), \left(\frac{1}{2}, 0, \frac{1}{2}, 0\right)\right)$ であり，これが最適戦略である。

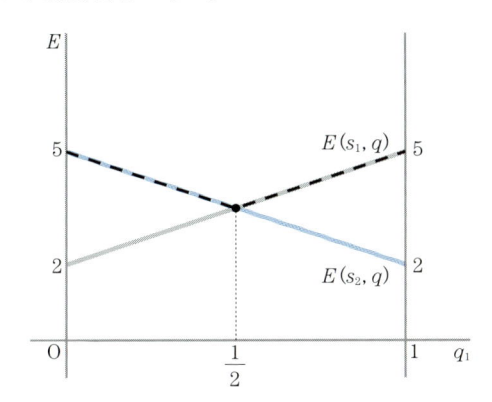

演習問題 3.3

相手のいかなる純戦略に対しても同じ利得を与える混合戦略をコンスタント戦略とよぶ。すなわち，プレイヤー 1 のコンスタント戦略 $\bar{p}$:

$$\text{全ての } t \in S_2 \text{について} \qquad E(\bar{p}, t) = \text{一定}$$

2 人ゼロ和ゲームにおいて両者がコンスタント戦略をもてば，その組が鞍点となることを証明せよ。

【演習問題 3.3 の解】

$\bar{p} = (\bar{p}_1, \bar{p}_2, \cdots, \bar{p}_m) \in P_1$, $\bar{q} = (\bar{q}_1, \bar{q}_2, \cdots, \bar{q}_l) \in P_2$ をプレイヤー 1, 2 のコンスタント戦略とする。任意の $t \in S_2$ に対して $\bar{E}_1 = E(\bar{p}, t)$ とすると，任意の $q = (q_1, \cdots, q_l) \in P_2$ に対して，

$$\begin{aligned} E(\bar{p}, q) &= \sum_{j=1}^{m} \sum_{k=1}^{l} \bar{p}_j q_k f(s_j, t_k) \\ &= \sum_{k=1}^{l} q_k \sum_{j=1}^{m} \bar{p}_j f(s_j, t_k) \\ &= \sum_{k=1}^{l} q_k \bar{E}_1 \\ &= \bar{E}_1 \end{aligned}$$

また任意の $s \in S_1$ に対して $\bar{E}_2 = E(s, \bar{q})$ とすると，先ほどと同様にすると任意の $p \in P_1$ に対して $E(p, \bar{q}) = \bar{E}_2$ となることも示せる。さらに $\bar{E}_1 = \bar{E}_2$ も容易に示せるので，以上より任意の $p \in P_1$, $q \in P_2$ に対して，

$$E(p, \bar{q}) \leqq E(\bar{p}, \bar{q}) \leqq E(\bar{p}, q)$$

が成り立つ。よって $(\bar{p}, \bar{q})$ は鞍点である。

同様な証明によって，2 人非ゼロ和ゲームにおいて，コンスタント戦略の組が混合戦略ナッシュ均衡であることがわかる。

|||||||||| **演習問題 3.4** （ジャンケンゲーム）||||||||||||||||||||||||||||||||||

演習問題 3.3 の結果を用いて，次の2人ゼロ和ゲーム（ジャンケンゲーム）のゲームの値と最適戦略を求めよ。

1 \ 2	戦略グー	戦略チョキ	戦略パー
戦略グー	0	1	-1
戦略チョキ	-1	0	1
戦略パー	1	-1	0

|||||||||||||||||||||||||||||||||||||||||||||||||||||||||||||||||||||||||||

【演習問題 3.4 の解】

コンスタント戦略を求める。$p \in P_1$, $q \in P_2$ とすると，プレイヤー1のプレイヤー2の純戦略に対しての期待値はそれぞれ，

$$E(p, t_1) = -p_2 + p_3$$
$$E(p, t_2) = p_1 - p_3$$
$$E(p, t_3) = -p_1 + p_2$$

となる。$p_1 + p_2 + p_3 = 1$ と $E(p, t_1) = E(p, t_2) = E(p, t_3)$ より，$p = \left(\frac{1}{3}, \frac{1}{3}, \frac{1}{3}\right)$ と求まる。

またプレイヤー2についても同様にすれば $q = \left(\frac{1}{3}, \frac{1}{3}, \frac{1}{3}\right)$ と求まり，ゲームの値は0である。

|||||||||| **演習問題 3.5** （均衡点の交換可能性）||||||||||||||||||||||||||||||||||||||||||

2人ゼロ和ゲームに2つの鞍点 (p^*, q^*) と (p', q') があったとする。このとき，(p^*, q') と (p', q^*) も鞍点であることを示せ。

||||||||||||||||||||||||||||||||||||||||||||||||||||||||||||||||||||||||||||||||||||||||||||||||||||||||||||||||||||||

【演習問題 3.5 の解】

鞍点の定義より，任意の $p \in P_1, q \in P_2$ に対して，

$$E(p, q^*) \leqq E(p^*, q^*) \leqq E(p^*, q)$$
$$E(p, q') \leqq E(p', q') \leqq E(p', q)$$

が成り立つ。それゆえ，

$$E(p', q^*) \leqq E(p^*, q^*) \leqq E(p^*, q')$$
$$E(p^*, q') \leqq E(p', q') \leqq E(p', q^*)$$

である。よって，

$$E(p^*, q^*) = E(p^*, q') = E(p', q') = E(p', q^*)$$

と求まる。以上より任意の $p \in P_1, q \in P_2$ に対して，

$$E(p, q^*) \leqq E(p^*, q^*) = E(p', q^*) = E(p', q') \leqq E(p', q)$$
$$E(p, q') \leqq E(p', q') = E(p^*, q') = E(p^*, q^*) \leqq E(p^*, q)$$

である。よって $(p', q^*), (p^*, q')$ は鞍点である。

3.4　練習問題

● 問題 3.1　（査察ゲーム）

　ある企業が，工場排水を近くの川に垂れ流す不法行為を計画している。一方，その地域の役所は，工場を査察し，その垂れ流しを阻止したいと考えている。企業は操業期間の n 日のうち任意の 1 日に汚水を流せば十分である。役所は現場を取り押さえねばならないが，他の業務も忙しいため，n 日のうちのいずれか 1 日しか査察することができない。役所の利得は，企業の垂れ流しを発見できれば 100，できなければ -1 である。企業の利得は，役所の利得の符号を反対にしたものであるとする。このゲームを役所を最大化プレイヤーとする 2 人ゼロ和ゲームとして定式化し，最適戦略とゲームの値を計算せよ。

● 問題 3.2

　2 人ゼロ和ゲームにおいて，プレイヤー 1 を最大化プレイヤーとする利得行列が A で与えられているとする。このとき，プレイヤー 2 を最大化プレイヤーとする利得行列はどのように表されるか，A^T を用いて表せ。ここで A^T は A の転置行列といい，

$$A = \begin{pmatrix} a_{11} & a_{12} & \cdots & a_{1n} \\ a_{21} & a_{22} & \cdots & a_{2n} \\ \vdots & \vdots & \ddots & \vdots \\ a_{m1} & a_{m2} & \cdots & a_{mn} \end{pmatrix} \text{のとき}, A^T = \begin{pmatrix} a_{11} & a_{21} & \cdots & a_{m1} \\ a_{12} & a_{22} & \cdots & a_{m2} \\ \vdots & \vdots & \ddots & \vdots \\ a_{1n} & a_{2n} & \cdots & a_{mn} \end{pmatrix} \text{である}。$$

さらに，A とここで求めた行列が等しいとき，ゲームの値がゼロになることを示せ。

● 問題 3.3

　演習問題 3.4 のようなジャンケンゲームを考える。ただし，パーで勝てば相手から 5 点を得，チョキで勝てば相手から 2 点，グーで勝てば相手から

1点を得る。あいこのときは0点とする。このとき，最適戦略とゲームの値を求めよ。

4

展開形ゲーム

　この章では戦略形ゲームと異なる非協力ゲームの表現形式である展開形ゲームを扱う。展開形ゲームは，戦略形ゲームより数学的記述は複雑になるが，行動選択の順序や行動を選択するときの情報の構造を視覚的に表現することができ，最近では，入り組んだ状況を表現するゲームとしていろいろな問題に応用されている。展開形ゲームはキューンによって現在の形に定式化された。

　展開形ゲームにおける重要な解の概念としてはサブゲーム完全均衡がある。ナッシュ均衡を自然な形で展開形ゲームに適応し，さらに合理性の基準を加えて絞ったものがサブゲーム完全均衡である。サブゲーム完全均衡は逆向き帰納法と呼ばれる方法で求めることができる。

　このようなサブゲーム完全性の概念はゼルテンによって与えられたが，それが現実の経験的視点からは必ずしも説得的でないという著名な問題（チェーンストア・パラドクス）もゼルテンは提示している。その問題の一端を練習問題の問題4.1として紹介している。

4.1　重要事項のまとめ

◆ **展開形ゲーム**　プレイヤーの手番（行動の選択）の系列を樹形図として表現するゲームの表現形式を展開形ゲームとよぶ。この樹形図（ゲームの木）においては，分岐点でプレイヤーの手番を表し，枝はプレイヤーの選択肢あるいは行動を表している。選択の際のプレイヤーのもつ情報を情報集合として明示的に取り扱うことができるのが展開形ゲームの特徴である。初期点の選択肢から始まり，終点（頂点と呼ぶ）に達してゲームのプレイは終了する。展開形ゲームは，ゲームの木 K，プレイヤー分割 P，偶然手番の確率分布 p，情報構造 U，利得関数 h で表される。

ゲームの木 K：ゲームの木は分岐点（手番）と枝（選択肢）の集合で表される。初期点から終点（頂点）に至る経路（プレイ）はただ一通りだけである。

プレイヤー分割 $P = [P_0, P_1, P_2, ..., P_n]$：各手番において，選択することができるのはただ一人のプレイヤーである。したがって手番の集合は各プレイヤーの手番の集合 P_j に分割される。これをプレイヤー分割とよぶ。ここで P_0 は偶然機構が選択肢を決定する手番の集合で，その手番は偶然手番とよばれる。このとき，各選択肢を選ぶ確率分布は p によって与えられる。さらに，

$$P_0 \cup P_1 \cup ... \cup P_n = M, \ P_k \cap P_j = \phi \ (j \neq k)$$

が成り立つ。ここで，M はゲームの木における全ての手番の集合とする。

情報構造 $U = [U_0, U_1, U_2, ..., U_n]$：プレイヤーが選択肢を決定する際に得ることのできる情報を情報集合 $u_{ik}(i = 0, 1, 2, ..., n)$ によって表す。情報集合は選択肢の数が同じである手番の集合であるが，プレイヤーは自分が行動を決定する際に，手番の属する情報集合はわかるが，その情報集合内のどの手番であるかはわからない。プレイヤー i の情報集合 u_{ik} を集めたものを U_i で表す。各プレイヤーの U_i を集めたものを情報構造あるいは情報分割とよ

4　展開形ゲーム

展開形ゲーム：$\Gamma = (K, P, p, U, h)$

$P = [P_0, P_1, P_2]$
$U = [U_0, U_1, U_2]$　　$U_0 = \{u_0\}$　　$U_1 = \{u_{11}, u_{12}\}$　　$U_2 = \{u_{21}, u_{22}\}$
$p = (p(a_1), p(a_2))$

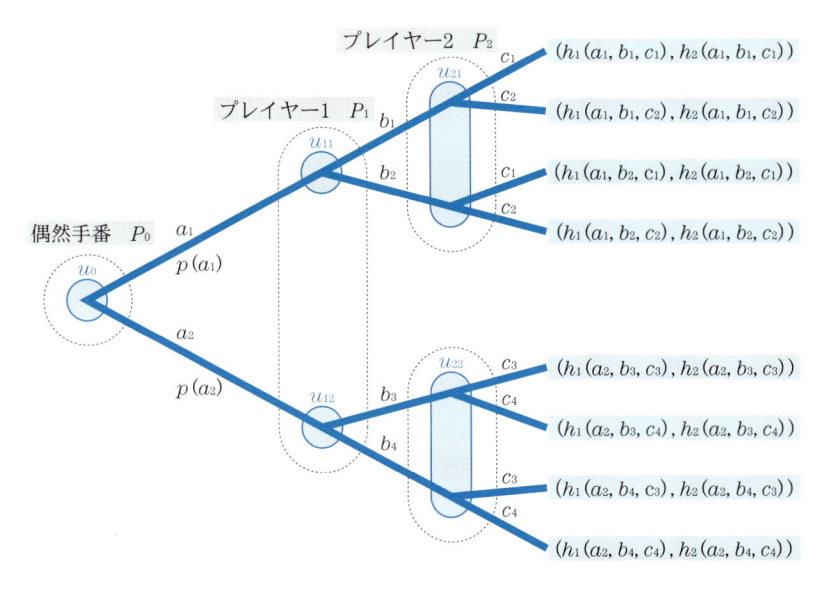

展開形ゲームの例：プレイヤー 1 の選択肢は u_{11} において b_1, b_2，u_{12} において b_3, b_4 であり，プレイヤー 2 の選択肢は u_{21} において c_1, c_2，u_{22} において c_3, c_4 である。偶然手番は選択肢 a_1 を確率 $p(a_1)$ でとり，選択肢 a_2 を確率 $p(a_2)$ でとる。

ぶ。ここで，U_0 は偶然手番のそれぞれを一つの情報集合に属するものとし，それらを集めたものである。各 U_i に属する情報集合は P_i の分割になっている。したがって，全ての U_i に属する情報集合は M の分割になっている。すなわち

$$\bigcup_{u_{ik} \in U_i} u_{ik} = P_i, \ u_{ik} \cap u_{il} = \phi \ (k \neq l),$$

$$\Big(\bigcup_{u_{0k} \in U_0} u_{0k}\Big) \cup \Big(\bigcup_{u_{1k} \in U_1} u_{1k}\Big) \cup ... \cup \Big(\bigcup_{u_{nk} \in U_n} u_{nk}\Big) = M$$

が成り立つ。全ての情報集合がただ一つの手番からなるとき，そのようなゲームを完全情報ゲームとよぶ。

利得関数 $h = (h_1, h_2, ..., h_n)$：各頂点 w に各プレイヤーの得る利得のベクトル $(h_1(w), h_2(w), ..., h_n(w))$ を対応させる関数である．したがって，一つのプレイに対して，全員の利得が定まる．

◆ （展開形ゲームの）純戦略，混合戦略，ナッシュ均衡　　プレイヤーが，各情報集合においてどのような選択肢をとるかを計画した行動スケジュールを展開形ゲームの純戦略とよぶ．この純戦略上の確率分布を展開形ゲームの混合戦略とよぶ．各プレイヤーが純戦略あるいは混合戦略を決定すると，各プレイの生ずる確率が定まり，各頂点に到達する確率が定まる．このとき，頂点に対応する利得を元に計算した期待利得を各プレイヤーが獲得すると考える．このようにして求めた戦略形ゲームのナッシュ均衡を展開形ゲームの（混合戦略）ナッシュ均衡という．

◆ 局所戦略，行動戦略　　各情報集合において，プレイヤーが各選択肢に与える確率分布を局所戦略とよぶ．各情報集合において，どのような局所戦略をとるかを計画した行動スケジュールを行動戦略とよぶ．行動戦略の中で，各局所戦略がただ一つの選択肢を確定的に選択する場合，その行動戦略は純戦略となる．各プレイヤーが行動戦略を決定すると各プレイの生ずる確率が定まり，各頂点に到達する確率が定まる．このとき，頂点に対応する利得を元に計算した期待利得を各プレイヤーが獲得すると考えて求めた戦略形ゲームのナッシュ均衡を展開形ゲームの行動戦略ナッシュ均衡という．

◆ サブゲーム，サブゲーム完全均衡　　展開形ゲームの分岐点と枝の部分集合が木になっており，展開形ゲームの構造をもつとき部分ゲームあるいはサブゲームとよぶ．元のゲーム自身も部分ゲームと考える．全ての部分ゲームに純戦略あるいは行動戦略のナッシュ均衡を導くような，元の展開形ゲームの純戦略あるいは行動戦略ナッシュ均衡はサブゲーム完全均衡とよばれる．サブゲーム完全均衡は部分ゲーム完全均衡とよばれることもある．

◆ **後向き帰納法**　展開形ゲームにおいて，最も頂点に近いサブゲームのナッシュ均衡を求め，そのサブゲームの始点をナッシュ均衡利得の組と置き換える。置き換えたゲームにおいて，最も頂点に近いサブゲームのナッシュ均衡を求め，そのサブゲームの始点をナッシュ均衡利得の組と置き換える。このようなプロセスを続けた結果得られる，全体のナッシュ均衡はサブゲーム完全均衡となる。このようなサブゲーム完全均衡を求めるプロセスを後向き帰納法，逆向き帰納法とよぶ。

■ 重要な定理

―定理 4.1―
　完全情報ゲームでは純戦略の範囲でサブゲーム完全均衡が存在し，後向き帰納法で求めることができる。

4.2 例題

例題 4.1

プレイヤーが 1, 2 の 2 人で,プレイヤー 1 が始めに a か b を選択する。a を選択すると,その後,プレイヤー 2 がそれを知って,a か b か c を選択する。a を選択すると 2 人の利得の組は $(4,2)$ となり,b を選択すると 2 人の利得の組は $(3,0)$ となり,c を選択すると 2 人の利得の組は $(1,1)$ となる。一方,プレイヤー 1 が始めに b を選択すると,その後,偶然手番が選択肢 a か b か c をそれぞれ,$\frac{1}{3}$ の確率で選択する。a を選択すると 2 人の利得の組は $(5,5)$ となり,b を選択すると 2 人の利得の組は $(3,4)$ となり,c を選択すると 2 人の利得の組は $(1,6)$ となる。

この状況を展開形ゲームとして定式化せよ。さらに,それを戦略形ゲームに変換し,純戦略ナッシュ均衡とサブゲーム完全均衡を求めよ。

例題 4.1 の解

問題の状況の展開形ゲームは次頁の樹形図のように与えられる。

このゲームを戦略形ゲームに変換する。プレイヤー 1 が戦略 a を選んだ場合には,プレイヤー 2 の選ぶ戦略に応じて利得が定まるので,それを記述すればよい。プレイヤー 1 が戦略 b を選んだ場合,2 人の期待利得は

$$E_1 = \frac{1}{3} \cdot 5 + \frac{1}{3} \cdot 3 + \frac{1}{3} \cdot 1 = 3$$

$$E_2 = \frac{1}{3} \cdot 5 + \frac{1}{3} \cdot 4 + \frac{1}{3} \cdot 6 = 5$$

で与えられる。これらはプレイヤー 2 の選択に関係ないことに注意すると求める戦略形ゲームは次のようになる。

1 \ 2	戦略 a	戦略 b	戦略 c
戦略 a	4, 2	3, 0	1, 1
戦略 b	3, 5	3, 5	3, 5

4　展開形ゲーム

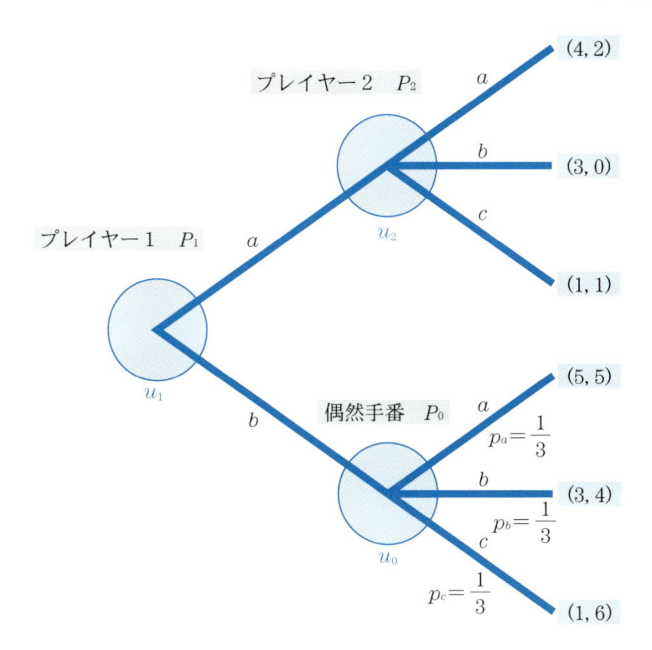

このとき，純戦略ナッシュ均衡は，戦略の組 $(a,a),(b,b),(b,c)$ となる。サブゲーム完全均衡点は逆向き帰納法で求めることができる。情報集合 u_2 において，ここから始まるサブゲームのナッシュ均衡は，プレイヤー 2 の利得を最大にする（局所）戦略 a である。その選択を所与として，u_1 から始まるサブゲーム（ゲーム全体）のナッシュ均衡を考えると，プレイヤー 1 が戦略 a を選べば，利得 4 を獲得し，戦略 b を選べば期待利得 3 を獲得するので（局所）戦略 a を選ぶことがナッシュ均衡である。したがって（u_1 における局所戦略，u_2 における局所戦略）＝(a,a) がサブゲーム完全均衡である。

例題 4.2 （情報の価値）

プレイヤーが1, 2 の2人で，プレイヤー1が始めに U か D を選択する。U を選択すると，その後，プレイヤー2が，U' か M' か D' を選択する。U' を選択すると2人の利得の組は $(2,2)$ となり，M' を選択すると2人の利得の組は $(4,5)$ となり，D' を選択すると2人の利得の組は $(6,4)$ となる。一方，プレイヤー1が始めに D を選択すると，その後，プレイヤー2が選択肢 U' か M' か D' を選択する。U' を選択すると2人の利得の組は $(3,4)$ となり，M' を選択すると2人の利得の組は $(5,1)$ となり，D' を選択すると2人の利得の組は $(0,0)$ となる。このとき，以下の2つの状況を考える。

（状況1）プレイヤー2は自分の選択を決定する際に，プレイヤー1の選択した選択肢の情報を知ることができない。

（状況2）プレイヤー2は自分の選択を決定する際に，プレイヤー1の選択した選択肢の情報を知ることができる。

これらの2つの状況を展開形ゲームとして定式化せよ。それを戦略形ゲームに変換し，純戦略ナッシュ均衡とサブゲーム完全均衡を求めよ。さらに，これらの2つの状況のサブゲーム完全均衡利得を比較し，プレイヤー2がプレイヤー1の選択肢の情報を得ることによる利得の変化（情報の価値）を求めよ。

例題 4.2 の解

状況1は展開形ゲームとして，次頁の樹形図のように与えられる。

ここで，情報集合 u_2 が2つの手番を囲んでいることからプレイヤー2がどちらの分岐点で，選択をしているかわからない。すなわち，プレイヤー1の選択した選択肢がわからないということを示している。これを例題4.1のように戦略形ゲームに直すと，次の通りとなる。この戦略形ゲームの純戦略ナッシュ均衡は (D, U') である。このゲームのサブゲームはゲーム自身しかないのでこの純戦略均衡がサブゲーム完全均衡になる。

1＼2	U'	M'	D'
U	2, 2	4, 5	6, 4
D	3, 4	5, 1	0, 0

続いて，状況2を展開形ゲームとして表現しよう。

4 展開形ゲーム

〈状況1〉

プレイヤー2 P_2

プレイヤー1 P_1

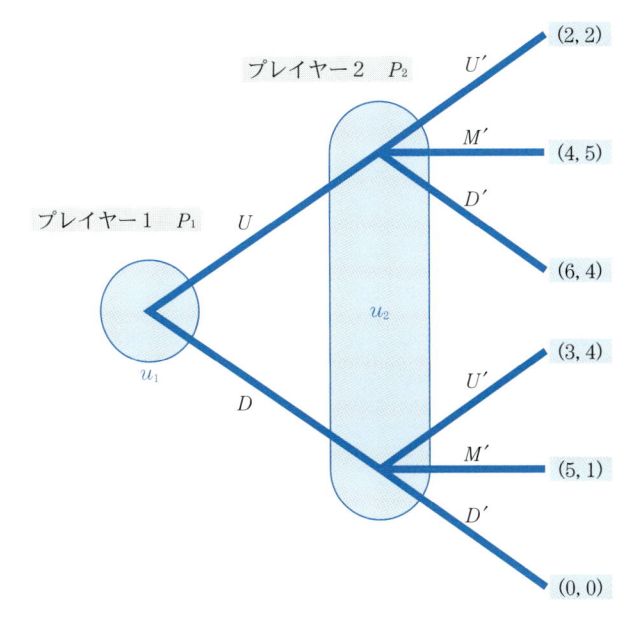

U — U' (2, 2)
   M' (4, 5)
   D' (6, 4)

u_1 u_2

D — U' (3, 4)
   M' (5, 1)
   D' (0, 0)

〈状況2〉

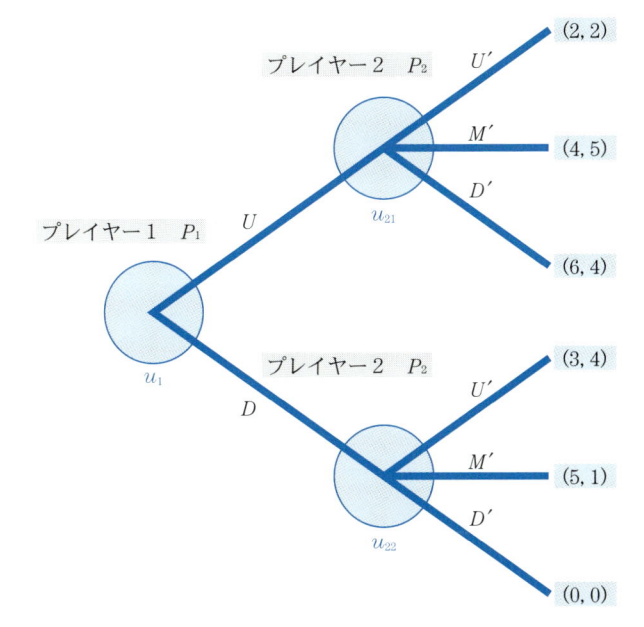

プレイヤー2 P_2

プレイヤー1 P_1

U — U' (2, 2)
   M' (4, 5)
   D' (6, 4)

u_1 u_{21}

プレイヤー2 P_2

D — U' (3, 4)
   M' (5, 1)
   D' (0, 0)

u_{22}

このような状況では，同時に決定する手番がなく，自分の選択する以前の選択肢を全員が知っている。全ての情報集合がただ一つの分岐点を含んでいるので，このゲームは完全情報ゲームである。

このゲームのプレイヤー2の純戦略を求めるには注意が必要である。純戦略は全ての情報集合における行動の計画であるから，u_{21} と u_{22} の2つの情報集合でそれぞれ，どのような選択肢をとるかを決定しなければならない。すなわち，$3 \times 3 = 9$ 通りの戦略がある。この考察を下に，戦略形ゲームを求めると次のようになる。ここで，例えば $U'D'$ は情報集合 u_{21} において U' をとり，情報集合 u_{22} において，D' をとることを表している。

1 \ 2	$U'U'$	$U'M'$	$U'D'$	$M'U'$	$M'M'$	$M'D'$	$D'U'$	$D'M'$	$D'D'$
U	2, 2	2, 2	2, 2	4, 5	4, 5	4, 5	6, 4	6, 4	6, 4
D	3, 4	5, 1	0, 0	3, 4	5, 1	0, 0	3, 4	5, 1	0, 0

この戦略形ゲームの純戦略ナッシュ均衡を求めると，$(D, U'U'), (U, M'U')$，$(U, M'D')$ の3つがある。

逆向き帰納法でサブゲーム完全均衡を求めると，情報集合 u_{21} において，ここから始まるサブゲームのナッシュ均衡は，プレイヤー2の利得を最大にする戦略 M' である。同様に，情報集合 u_{22} において，ここから始まるサブゲームのナッシュ均衡は，戦略 U' である。この2つの選択を所与として，u_1 から始まるサブゲーム（ゲーム全体）のナッシュ均衡を考えると，プレイヤー1が戦略 U を選べば，利得4を獲得し，戦略 D を選べば利得3を獲得するので戦略 U を選ぶことがナッシュ均衡である。したがって（u_1 における局所戦略，（u_{21} における局所戦略，u_{22} における局所戦略））$= (U, (M', U'))$ がサブゲーム完全均衡である。

2つの状況のサブゲーム完全均衡利得を比較しよう。状況1のプレイヤー2がプレイヤー1の選択肢の情報を知らないケースではナッシュ均衡は一意でありサブゲーム完全均衡利得の組は $(3, 4)$ である。状況2のプレイヤー2がプレイヤー1の選択肢の情報を知ることのできるケースではナッシュ均衡は多数あるが，サブゲーム完全均衡は一意であり，その利得の組は $(4, 5)$ である。このとき，プレイヤー2の利得の変化(情報の価値)は $5 - 4 = +1$ で

ある．すなわち，プレイヤー 2 はプレイヤー 1 の選択肢の情報を得ることができると利得が 1 増加する．情報の価値は一般に

　「情報の価値」
　　＝「情報がある場合の均衡利得」−「情報がない場合の均衡利得」
となる．

4.3　演習問題

|||||||||| 演習問題 4.1 ||||||||||

プレイヤー 1（新規参入者）とプレイヤー 2（既存企業）のゲームにおいてプレイヤー 1 の行動は参入 (E) か非参入 (N) である。プレイヤー 2 は、プレイヤー 1 が E を選択した場合にそれを容認 (P) するか対抗 (A) するか選択する。各行動に対する利得は次の表で与えられている。

行　動		利　得	
プレイヤー1	プレイヤー2	プレイヤー1	プレイヤー2
N		0	1
E	P	1	0
E	A	-3	-2

プレイヤー 2 にとって、1 が参入しないことが最も望ましく、1 が参入した場合は対抗することが最悪である。一方、プレイヤー 1 にとって参入し容認してもらうことが最も望ましく、参入した場合に対抗されることが最悪である。

このとき、このゲームを展開形で表し、サブゲーム完全均衡を求めよ。さらに、それを戦略形に変換し、全ての純戦略ナッシュ均衡を求めよ。

【演習問題 4.1 の解】

展開形ゲームは次の図のようになる。

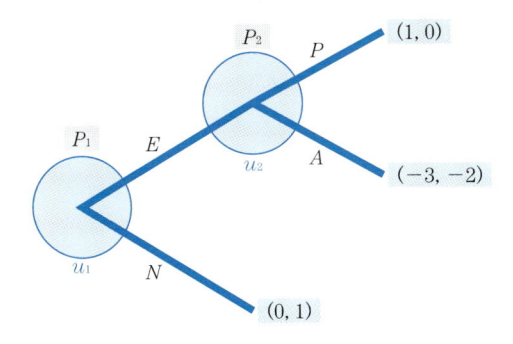

サブゲーム完全均衡を逆向き帰納法で求める。サブゲーム u_2 でのナッシュ均衡はプレイヤー 2 が戦略 P をとることである。次にゲーム全体を考えると，プレイヤー 1 は戦略 E をとれば先ほどのサブゲームが始まり，均衡ではプレイヤー 1 は 1 を獲得することになる。またプレイヤー 1 は戦略 N をとれば利得は 0 である。以上よりプレイヤー 1 は戦略 E をとることがわかる。よってサブゲーム完全均衡は (E, P) である。

次にこのゲームの戦略形表現について考える。プレイヤーの純戦略とは各情報集合においてどのような行動をとるのかを決めることである。この展開形ゲームでは，プレイヤー 1 の情報集合は u_1，プレイヤー 2 の情報集合は u_2 だけであるので，戦略形ゲームは以下のようになる。よってナッシュ均衡は $(E, P), (N, A)$ である。ナッシュ均衡 (N, A) においては情報集合 u_2 における自分の利得を下げると同時に相手の利得を下げるプレイヤー 2 の行動 A を含んでいる。このため，この均衡は脅し均衡とよばれることがある。

1 \ 2	P	A
E	1, 0	$-3, -2$
N	0, 1	0, 1

演習問題 4.2

プレイヤー1（既存企業）とプレイヤー2（新規参入者）のゲームにおいてプレイヤー1の戦略は容認価格 (H) か攻撃的価格 (L) を選択することである。プレイヤー2は，その後，新規参入 (E) か非参入 (N) を選択する。各選択に対する利得は次の表で与えられている。

選択		利得	
プレイヤー1	プレイヤー2	プレイヤー1	プレイヤー2
H	N	8	0
H	E	4	6
L	N	5	0
L	E	1	-1

このとき，次の問に答えよ。

(1) プレイヤー2がプレイヤー1の選択情報を知ることができない場合のゲームの木を描き，さらに，戦略形に変換して，全てのナッシュ均衡を求めよ。

(2) プレイヤー2がプレイヤー1の選択情報を知ることができる場合のゲームの木を描き，サブゲーム完全均衡を求めよ。さらに，戦略形に変換して全ての純戦略ナッシュ均衡を求めよ。

(3) プレイヤー2にとってのプレイヤー1の選択情報の価値を計算せよ。

【演習問題 4.2 の解】

(1) 展開形ゲームは次頁上の図の通りである。

戦略形に変換してナッシュ均衡を求めると (H, E) である。

1 \ 2	E	N
H	4, 6	8, 0
L	1, -1	5, 0

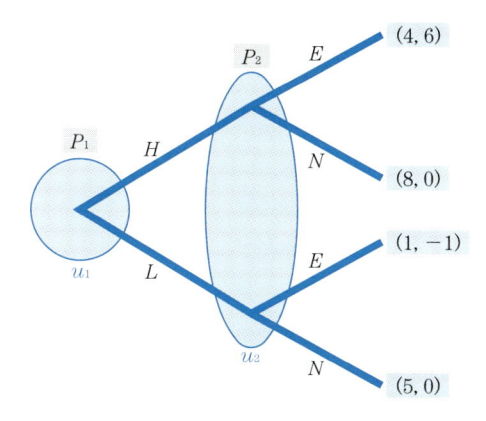

(2) 展開形ゲームは次の図の通りである。サブゲーム完全均衡は (L, EN) である。ただし，プレイヤー 2 の戦略 EN は情報集合 u_{21} で E を，情報集合 u_{22} で N を選択することを表している。

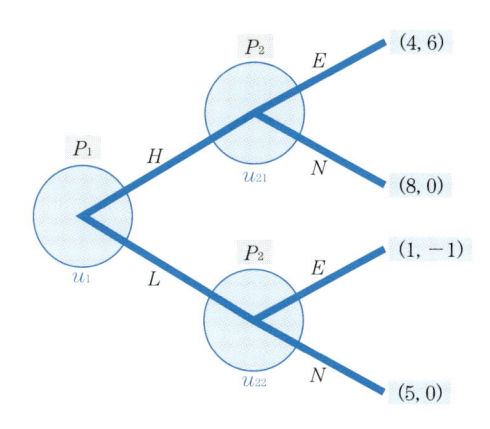

戦略形表現は以下のようになる。ナッシュ均衡は $(H, EE), (L, EN)$ である。

1＼2	EE	EN	NE	NN
H	4, 6	4, 6	8, 0	8, 0
L	1, −1	5, 0	1, −1	5, 0

(3) プレイヤー 2 にとってのプレイヤー 1 の選択情報の価値は，(2) と (1) の均衡における利得の差で求められる。よって，$0 - 6 = -6$ である。

演習問題 4.3

2つの企業が同じ製品を生産し,ある市場において販売している。需要関数 $D(p)$ は,p を市場価格とするとき
$$D(p) = 15 - p$$
で与えられている。このとき,技術的な要件から,企業1はコスト15で4単位の生産 (L) かコスト20で8単位の生産 (H) を行うことしかできない。同様に,企業2はコスト8で2単位 (L) か,コスト12で6単位 (H) の生産を行うことしかできない。両企業の利得は利潤(収入−コスト)で与えられる。このとき,次の問に答えよ。

(1) 両企業が同時に生産量を決定する場合の展開形ゲームと戦略形ゲームを求め,全てのナッシュ均衡を求めよ。

(2) 企業1が最初に生産量を決定する場合の展開形ゲームと戦略形ゲームを求め,全ての純戦略ナッシュ均衡を求めよ。その中にサブゲーム完全均衡はあるか。

【演習問題 4.3 の解】

(1) 各企業の行動に対する利潤は以下の通りである。ただし π_1, π_2 は企業1,2の利潤を表し,S は企業の総供給量を表す。ここで1行目の π_1, π_2 は次のように求められる。企業1,2とも行動 L を選択しているのでそれぞれ4単位,2単位を生産しているので供給量 S は6単位である。したがって需要関数より市場価格は $15 - 6 = 9$ となる。企業1の利潤は,コスト15で4単位生産しているので $4 \times 9 - 15 = 21$ となる。企業2の利潤は,コスト8で2単位生産しているので $2 \times 9 - 8 = 10$ となる。他の π_1, π_2 も同様に求

企業1の行動	企業2の行動	S	p	π_1	π_2
L	L	6	9	21	10
L	H	10	5	5	18
H	L	10	5	20	2
H	H	14	1	−12	−6

展開形ゲーム，戦略形は以下のようになりナッシュ均衡は，(L, H) である。

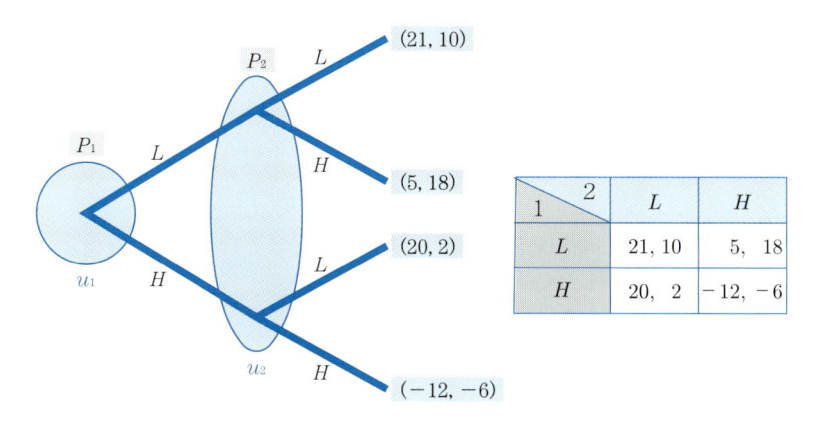

1＼2	L	H
L	21, 10	5, 18
H	20, 2	−12, −6

(2) 展開形，戦略形は以下のようになる。サブゲーム完全均衡は (H, HL) であり，ナッシュ均衡は $(H, HL), (L, HH)$ である。ここで，(H, HL) は u_1 で H, u_{21} で H, u_{22} で L をとることを示している。また，(L, HH) は脅し均衡である。

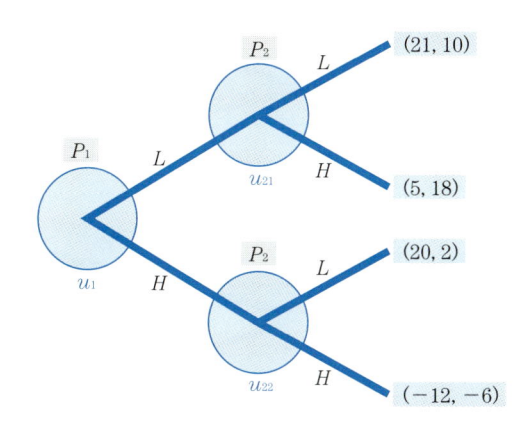

1＼2	LL	LH	HL	HH
L	21, 10	21, 10	5, 18	5, 18
H	20, 2	−12, −6	20, 2	−12, −6

演習問題 4.4

プレイヤー 1, 2, 3 の 3 人ゲームを考える。1 が，まず戦略 A か戦略 B を選択する。1 が戦略 A を選べば，以下の戦略形ゲーム A が 2 と 3 の間でプレイされ，1 が戦略 B を選べば，以下の戦略形ゲーム B が 2 と 3 の間でプレイされる。このゲームを展開形ゲームで表現し，純戦略サブゲーム完全均衡を全て求めよ。

ゲーム A

2＼3	戦略 E	戦略 F
戦略 C	4, 4, 4	2, 0, 5
戦略 D	5, 5, 0	3, 1, 1

ゲーム B

2＼3	戦略 E	戦略 F
戦略 C	5, 2, 2	4, 0, 0
戦略 D	3, 0, 0	1, 3, 3

【演習問題 4.4 の解】

展開形表現は以下のようになる。

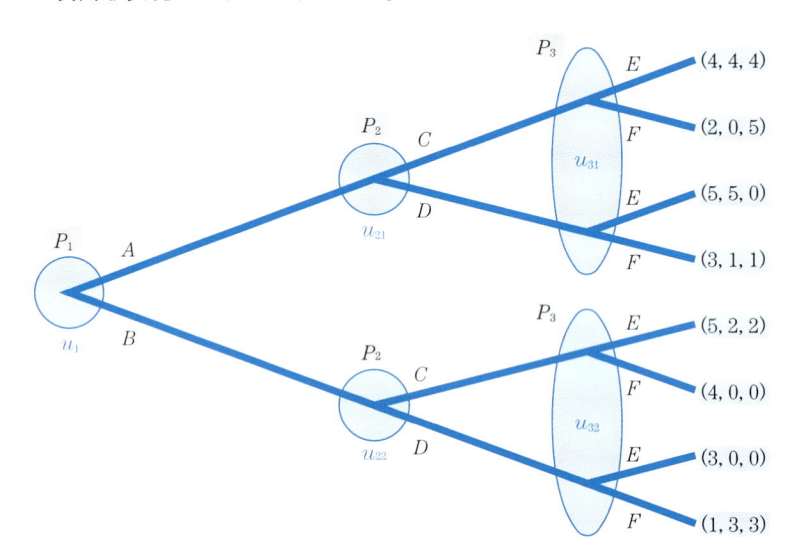

まず，u_{21} から始まるサブゲームについて考える。これを戦略形に直すと以下の通りである。ナッシュ均衡は (D, F) と求まる。このとき，プレイヤー 1 の利得は 3 である。

2＼3	E	F
C	4, 4	0, 5
D	5, 0	1, 1

次に，u_{22} から始まるサブゲームについて考える。これを戦略形に直すと以下の通りである。ナッシュ均衡は $(C, E), (D, F)$ と求まる。

2＼3	E	F
C	2, 2	0, 0
D	0, 0	3, 3

最後にプレイヤー 1 の選択について考える。下のサブゲームで均衡 (C, E) が生じるとすると，戦略 A をとれば利得 3 を得，戦略 B をとれば利得 5 を得るので，プレイヤー 1 は戦略 B をとる。また下のサブゲームで (D, F) が生じるとすると，戦略 A をとれば利得 3 を得，戦略 B をとれば利得 1 を得るので，プレイヤー 1 は戦略 A をとる。以上を踏まえると，サブゲーム完全均衡は（u_1 の局所戦略，u_{21} の局所戦略 u_{22} の局所戦略，u_{31} の局所戦略 u_{32} の局所戦略）$= (B, DC, FE), (A, DD, FF)$ と求まる。

4.4 練習問題

● **問題 4.1*** （チェーンストア・パラドクス）

プレイヤー 1（新規参入者）とプレイヤー M（既存企業）のゲームにおいてプレイヤー 1 の行動は参入 (E) か非参入 (N) である。プレイヤー M は，プレイヤー 1 が E を選択した場合にそれを容認 (P) するか対抗 (A) するか選択する。各行動に対する利得は次の表で与えられている。

行　動		利　得	
プレイヤー1	プレイヤー M	プレイヤー1	プレイヤー M
N		0	1
E	P	1	0
E	A	-3	-2

(1) このゲームを 2 回繰り返すゲームを考える。ただし，2 回目の新規参入者は新たなプレイヤー 2 とし，彼の利得はプレイヤー 1 と同様に決まるとする。すなわち 2 回目のゲームの利得は次のように定まる。

行　動		利　得	
プレイヤー2	プレイヤー M（2回目）	プレイヤー2	プレイヤー M（2回目）
N		0	1
E	P	1	0
E	A	-3	-2

プレイヤー M の利得は 2 回のゲームの合計とする。このゲームを展開形で表し，サブゲーム完全均衡を求めよ。他にどのようなナッシュ均衡があるか。

(2) このゲームを 10 回繰り返すゲームを考える。ただし，各回の新規参入者は別なプレイヤー $1, 2, \cdots, 10$ とし，彼らの利得はプレイヤー 1 と同様に決まるとする。プレイヤー M の利得は 10 回のゲームの合計とする。この

ゲームのサブゲーム完全均衡を求めよ。

(3) 上記 (2) の繰り返しゲームにおいて第 1 回の (E, A) という局所戦略の組により到達する分岐点で始まるサブゲームを考える。このサブゲームにおけるナッシュ均衡の中でプレイヤーMの利得を最大にするものを求めよ。

(4) 上記 (3) で求めた (E, A) から始まるサブゲームにおけるナッシュ均衡を均衡プレイとして含むような全体のゲームのナッシュ均衡はあるか。存在すればそれを求めよ。さらに、全体のナッシュ均衡が上記のナッシュ均衡を均衡プレイとして含むという条件をはずした場合にはどうか。

● 問題 4.2

次の 2 人ゲームを考える。まず、プレイヤー 1 が a か b を選択する。a を選択した場合にはゲームは終了し、2 人の利得の組は $(2, 0)$、b を選択した場合には次にプレイヤー 2 が a' か b' を選択する。a' を選択した場合にはゲームは終了し、利得の組は $(1, 1)$、b' を選択した場合にはもう一度プレイヤー 1 が a'' か b'' を選択してゲームが終了する。a'' を選択したときの利得の組は $(3, 0)$、b'' を選択したときの利得の組は $(0, 2)$ である。

(1) 展開形ゲームで表現し、サブゲーム完全均衡を求めよ。
(2) 戦略形ゲームで表現し、全ての純戦略ナッシュ均衡を求めよ。

● 問題 4.3

次の 2 人ゲームを考える。まず、プレイヤー 1 が a, b, c の 3 つの選択肢のうち 1 つを選択する。c を選択したときには、ゲームは終了して 2 人の利得の組は $(2, 2)$ となる。プレイヤー 1 が a または b を選択したときには、プレイヤー 2 の手番となり、2 は 1 が a, b のどちらを選んだかは知らずに a', b' の 2 つの選択肢のどちらかを選択する。プレイヤー 1 が a を選んでいたときにはプレイヤー 2 が a' を選べば利得の組は $(4, 1)$、b' を選べば利得の組は $(0, 0)$、プレイヤー 1 が b を選んでいたときにはプレイヤー 2 が a' を選べば利得の組は $(1, 0)$、b' を選べば利得の組は $(0, 1)$ である。

(1) このゲームの展開形表現と戦略形表現を求めよ。
(2) 純戦略におけるナッシュ均衡、サブゲーム完全均衡を全て求めよ。

さらに支配される戦略の逐次消去により残される戦略の組を求めよ.

● 問題 4.4

次の2人ゲームを考える.まず,プレイヤー 1 が a,b,c の 3 つの選択肢のうち 1 つを選択する.c を選択したときには,ゲームは終了して 2 人の利得の組は $(2,2)$ となる.プレイヤー 1 が a または b を選択したときには,プレイヤー 2 の手番となり,2 は 1 が a,b のどちらを選んだかは知らずに a', b', c' の 3 つの選択肢のどちらかを選択する.プレイヤー 1 が a を選んでいたときにはプレイヤー 2 が a' を選べば利得の組は $(1,0)$,b' を選べば $(1,2)$,c' を選べば $(4,3)$,プレイヤー 1 が b を選んでいたときにはプレイヤー 2 が a' を選べば利得の組は $(4,0)$,b' を選べば $(0,2)$,c' を選べば $(3,3)$ である.

(1) このゲームの展開形表現と戦略形表現を求めよ.
(2) 純戦略におけるナッシュ均衡,サブゲーム完全均衡を全て求めよ.さらに支配される戦略の逐次消去により残される戦略の組を求めよ.

● 問題 4.5

問題 4.3,問題 4.4 におけるサブゲーム完全均衡は全て合理的なものといえるか考察せよ.

● 問題 4.6

価格 p に対し,需要量 z が $z = \frac{a-p}{b}$ で与えられる寡占市場がある.企業は 1 と 2 だけであり,いずれも同じ費用 $c(x) = cx$ で同質な財を生産している.企業 1,2 の供給量(戦略)をおのおの x_1, x_2 として以下の問いに答えよ.

(1) 各企業の利得(利潤)関数を書け.
(2) 各企業が同時に戦略を選ぶ場合のナッシュ均衡を求めよ.
(3) 企業 1 が先に戦略を選び,それを観察した後,企業 2 が戦略を選ぶときのサブゲーム完全均衡を求めよ.

● 問題 4.7 *

$N = \{1, 2\}$ である次のような戦略形ゲームを第1回, 第2回, 第3回, …, 第 t 回と t 回プレイする。

1 \ 2	a	b	c
a	5, 5	0, 6	0, 0
b	6, 0	x, x	0, 0
c	0, 0	0, 0	0, 0

各回の選択の結果は次の回に入る前に知らされるとする。混合戦略はとらないとする。

(1)　$t = 1$, $x = 2$ のとき, ナッシュ均衡を全て求めよ。

(2)　$t \geqq 2$, $x = 2$ とする。いま,「最終回を除いて毎回 a, 最終回は b; ただし, 相手がどこかで a 以外を選んだら次の回からは c をとり続ける」という戦略を s とする。2人がこの戦略 s をとるとき, プレイヤー1の総利得を求めよ。

(3)　$t \geqq 2$, $x = 2$ とする。プレイヤー2が戦略 s をとり, プレイヤー1が s 以外の戦略をとるとき, プレイヤー1の総利得の最大値を求めよ。

(4)　$t \geqq 2$ のとき, (s, s) がこの繰り返しゲームのサブゲーム完全均衡であるための x の最小値はいくらか。

5

情報不完備ゲームと完全ベイジアン均衡

　ゲームのいくつかの要素に関する情報が必ずしも全てのプレイヤーに共有されていないとき，そのゲームは情報不完備ゲームとよばれる。プレイヤーのもつ情報の構造を明確化し，情報不完備の問題を定式化するためには4章で紹介した展開形ゲームを用いて分析するのが便利である。言い換えると，情報不完備ゲームはいくつかの仮定の下に，展開形ゲームとして表現し，分析することが可能である。このゲームの分析に用いられる解概念としては完全ベイジアン均衡が一般的である。これは，サブゲーム完全均衡の拡張概念として捉えることができる。均衡点の精緻化としてはゼルテンの完全均衡点が有名であるが計算で求めることは難しく，一般的に完全ベイジアン均衡の方が容易である。完全ベイジアン均衡は完全均衡点とサブゲーム完全均衡の中間に位置するものと考えることができる。なお，多くの経済的・社会的な問題は情報不完備のゲームとして取り扱うことができる。

5.1　重要事項のまとめ

◆ **共通知識**　　ある要素がプレイヤーの共通知識であるとは
プレイヤー全員がその要素を知っている。さらにそのことをプレイヤー全員が知っている。以上のことをプレイヤー全員が知っている。……
という系列が限りなく続くことである。一般にゲームの構成要素はプレイヤーの共通知識であると仮定する。

◆ **情報不完備ゲーム**　　ゲームのいくつかの要素がプレイヤーの共通知識でないとき，情報不完備ゲームとよぶ。情報不完備ゲームでは，一般に情報不完備な要素に確率分布を与え，偶然手番のある展開形ゲームとして分析することが多い。このとき，偶然手番の確率分布はプレイヤーの共通知識とする。

◆ **完全ベイジアン均衡**　　情報集合が2つ以上の分岐点をもつとき，それらの分岐点に対し確率を与える確率分布を考える（この確率分布はプレイヤーの信念と呼ばれる）。これらの確率は与えられた行動戦略の組から，ベイズのルールを用いて計算されたものである（ただし，到達しない情報集合では任意の確率分布を与える）。さらにこの確率分布および，他人の行動戦略を所与として，各プレイヤーは最適な行動戦略をとる。以上が全てのプレイヤーについて成り立っているような，情報集合上の確率分布と各プレイヤーの行動戦略の組を（展開形ゲームの）完全ベイジアン均衡とよぶ。

5.2 例　題

── 例題 5.1* ──

プレイヤー 1（新規参入者）とプレイヤー 2（既存企業）のゲームにおいて，プレイヤー 1 の行動は参入 (E) か非参入 (N) である。さらに，プレイヤー 1 には弱タイプ (W) と，強タイプ (S) の 2 つのタイプがあるものとする。ここで，プレイヤー 1 が弱タイプ (W) である確率，強タイプ (S) である確率はそれぞれ $\frac{1}{2}$ であるとし，これは両プレイヤーの共通知識であるとする。プレイヤー 2 は，プレイヤー 1 が E を選択した場合にそれを容認 (P) するか対抗 (A) するかをプレイヤー 1 のタイプを知らずに選択する。

両タイプの両プレイヤーの各行動に対する利得は以下の表のように表されるとする。すなわち，新規参入者が強いときは，新規参入者が市場へ参入すると既存企業が逆に締め出されてしまうとする。

プレイヤー 1 が弱タイプ (W) のときの利得行列

行動		利得	
プレイヤー1	プレイヤー2	プレイヤー1	プレイヤー2
N		0	1
E	P	1	0
E	A	-3	-2

プレイヤー 1 が強タイプ (S) のときの利得行列

行動		利得	
プレイヤー1	プレイヤー2	プレイヤー1	プレイヤー2
N		0	1
E	P	3	-4
E	A	-2	-3

(1) この状況を展開形ゲームとして表現せよ。このゲームにサブゲームはあるか。

(2) このゲームを戦略形で表し，純戦略のナッシュ均衡を求めよ。

(3) (1)のゲームでプレイヤー2の情報集合 u_{21} において，プレイヤー1が弱タイプである場合に対応する分岐点にいる確率を p とし，プレイヤー1が強タイプである場合に対応する分岐点にいる確率を $1-p$ とする。このとき，確率分布（プレイヤー2の信念）$(p, 1-p)$ に対し，期待利得を最大にするプレイヤー2の行動戦略を求めよ。

(4) (3)の行動を前提として，プレイヤー1の利得が最大となるような行動戦略を求めよ。さらに，そのときのプレイヤー2の情報集合 u_{21} における各分岐点に到達する確率分布を求め，それが $(p, 1-p)$ と整合的となるか確かめ，完全ベイジアン均衡を求めよ。

例題 5.1 の解

(1) 展開形ゲームは以下の通りである。サブゲームはない。

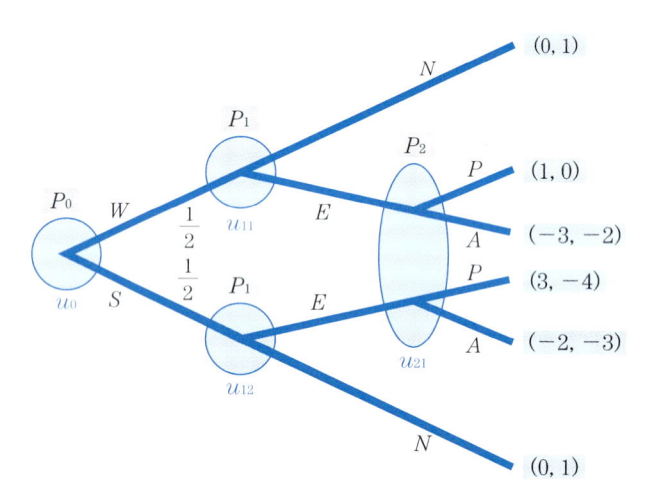

(2) 戦略形ゲームは次のように表される。ここで，例えば EN は情報集合 u_{11} で選択肢 E をとり，情報集合 u_{12} で選択肢 N をとることを表している。

1＼2	P	A
EE	2, -2	$-2.5, -2.5$
EN	0.5, 0.5	$-1.5, -0.5$
NE	1.5, -1.5	$-1, -1$
NN	0, 1	0, 1

純戦略ナッシュ均衡は $(EE, P), (NN, A)$ である。

(3) $(p, 1-p)$ を所与とするとき，選択肢 P に対するプレイヤー 2 の利得は $0 - 4(1-p) = -4 + 4p$ となり，選択肢 A に対するプレイヤー 2 の利得は $-2p - 3(1-p) = -3 + p$ となる。したがって $p > \frac{1}{3}$ のとき，P が期待利得を最大にし，$p < \frac{1}{3}$ のとき，A が期待利得を最大にする。$p = \frac{1}{3}$ のときは，全ての行動戦略が期待利得を最大にする。

(4) $p > \frac{1}{3}$ のとき，プレイヤー 2 は P をとるので，プレイヤー 1 は弱タイプの場合も強タイプの場合も E をとる方が良い。このとき，プレイヤー 2 の情報集合 u_{21} において，1 のタイプ W に対応する分岐点の到達確率は（ベイズの定理より）$\frac{1}{2}$ でなければならない。これは，$p > \frac{1}{3}$ と整合的である。

$p < \frac{1}{3}$ のとき，プレイヤー 2 は A をとるので，プレイヤー 1 は弱タイプの場合も強タイプの場合も N をとる方が良い。このとき，プレイヤー 2 の情報集合には至らないのでどのような信念 $(p, 1-p)$ も矛盾を引き起こさない。

$p = \frac{1}{3}$ のとき，プレイヤー 2 は任意の行動戦略をとることが可能であるので，その戦略を $(q, 1-q)$（P をとる確率が q）としよう。このとき，弱タイプのプレイヤー 1 は u_{11} において E をとると $q - 3(1-q) = -3 + 4q$ の期待利得を得，N をとると利得 0 を得るので，$q > \frac{3}{4}$ のとき E をとり，$q < \frac{3}{4}$ のとき N をとり，$q = \frac{3}{4}$ のとき，任意の局所戦略をとる。一方，強タイプのプレイヤー 1 は同様な考察から u_{12} において $q > \frac{2}{5}$ のとき E をとり，$q < \frac{2}{5}$ のとき N をとり，$q = \frac{2}{5}$ のとき，任意の局所戦略をとる。

したがって，これをまとめると，$q < \frac{2}{5}$ のとき，いずれのタイプのプレイヤー 1 も N をとるので，$p = \frac{1}{3}$ と矛盾しない。$q = \frac{2}{5}$ のとき，強タイプのプレイヤー 1 は任意の戦略をとるので E をとる確率が正であれば，プレイヤー 2 の情報集合において 1 のタイプ S に対する確率が 1 となり $p = \frac{1}{3}$ に矛盾する。矛盾しないのはプレイヤー 1 が N をとる場合だけである。$\frac{3}{4} > q > \frac{2}{5}$ のとき，弱タイプのプレイヤー 1 は N をとり強タイプのプレイヤー 1 は E をとるのでプレイヤー 2 の情報集合においては 1 のタイプ S に対する確率が 1 となり $p = \frac{1}{3}$ に矛盾する。$q = \frac{3}{4}$ のとき，強タイプのプレイヤー 1 は E をとり，弱タイプのプレイヤー 1 は任意の局所戦略 $(r, 1-r)$ をとる。この局所戦略からベイズの定理で求められる，2 の情報集合における 1 のタイプ W の確率は

$$\frac{r}{1+r}$$

であるから $r = \frac{1}{2}$ のとき $p = \frac{1}{3}$ と整合的になる。$\frac{3}{4} < q$ のとき，どちらのタイプのプレイヤー 1 も E をとるのでベイズの定理からプレイヤー 2 の情報集合においては 1 のタイプ W の確率は $\frac{1}{2}$ となり $p = \frac{1}{3}$ に矛盾する。

以上の結果から，完全ベイジアン均衡は

$$(1 の行動戦略, 2 の行動戦略 ; 2 の信念) =$$

$$\left((E, E), P; \left(\frac{1}{2}, \frac{1}{2}\right)\right),$$
$$\left((N, N), A; (p, 1-p)\right) \quad \left(ただし\ p < \frac{1}{3}\right),$$
$$\left((N, N), (q, 1-q); \left(\frac{1}{3}, \frac{2}{3}\right)\right) \quad \left(ただし\ q \leqq \frac{2}{5}\right),$$
$$\left(\left(\left(\frac{1}{2}, \frac{1}{2}\right), E\right), \left(\frac{3}{4}, \frac{1}{4}\right); \left(\frac{1}{3}, \frac{2}{3}\right)\right)$$

となる。

5 情報不完備ゲームと完全ベイジアン均衡

―― 例題 5.2* ――――――――――――――――――――――

各プレイヤーの選択と利得の関係が下の表で表される 2 人ゲームを考える。プレイの順序は偶然手番 → 1 → 2 であるとする。さらに，偶然手番の選択 a をとる確率を $\frac{1}{2}$，選択 b をとる確率を $\frac{1}{2}$ とする。このゲームにおいて，偶然手番の選択をプレイヤー 1 は知ることができず，プレイヤー 2 は知ることができ，プレイヤー 1 の選択をプレイヤー 2 は知ることができない。このゲームを展開形で表せ。さらに，それを戦略形ゲームに変換し，純戦略ナッシュ均衡を求めよ。次に，プレイヤー 1 が行動戦略 $(p, 1-p)$ をとるとき全ての完全ベイジアン均衡を求めよ。ただし，s_1 をとる確率を p とし，$p \neq 0, p \neq 1$ とする。

	行　動		利　得	
偶然手番	プレイヤー1	プレイヤー2	プレイヤー1	プレイヤー2
a	s_1	t_1	3	6
a	s_1	t_2	2	3
a	s_2	t_1	6	2
a	s_2	t_2	0	3
b	s_1	t_1	0	0
b	s_1	t_2	2	4
b	s_2	t_1	3	2
b	s_2	t_2	4	1

例題 5.2 の解

展開形ゲームの表現は次ページの図の通りである。

これを戦略形ゲームで表現すると

1 \ 2	$t_1 t_1$	$t_1 t_2$	$t_2 t_1$	$t_2 t_2$
s_1	1.5, 3	2.5, 5	1, 1.5	2, 3.5
s_2	4.5, 2	5, 1.5	1.5, 2.5	2, 2

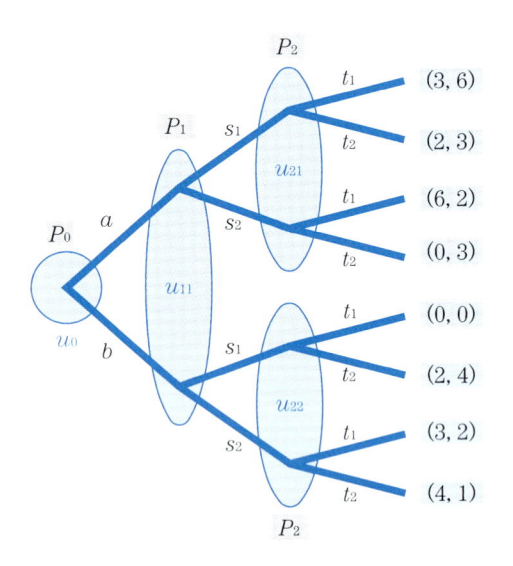

となる。ここで，例えば $t_1 t_2$ は情報集合 u_{21} で t_1，情報集合 u_{22} で t_2 をとることに対応している。純戦略ナッシュ均衡は $(s_2, t_2 t_1)$ である。

プレイヤー 2 の両方の情報集合におけるプレイヤー 1 の選択に関する信念（確率分布）はプレイヤー 1 が行動戦略 $(p, 1-p)$ をとることから，どちらも $(p, 1-p)$ となる。この信念のもとでのプレイヤーの最適な行動を求めよう。

a に対応する上の情報集合 u_{21} では選択肢 t_1 に対するプレイヤー 2 の期待利得は $6p + 2(1-p) = 2 + 4p$ であり，選択肢 t_2 に対するプレイヤー 2 の期待利得は $3p + 3(1-p) = 3$ であるので，$p > \frac{1}{4}$ のとき，t_1 が最適，$p < \frac{1}{4}$ のとき，t_2 が最適，$p = \frac{1}{4}$ のとき，任意の局所戦略が最適となる。

同様に b に対応する下の情報集合 u_{22} では選択肢 t_1 に対するプレイヤー 2 の期待利得は $0p + 2(1-p) = 2 - 2p$ であり，選択肢 t_2 に対する期待利得は $4p + 1(1-p) = 1 + 3p$ であるので，$p < \frac{1}{5}$ のとき，t_1 が最適，$p > \frac{1}{5}$ のとき，t_2 が最適，$p = \frac{1}{5}$ のとき，任意の局所戦略が最適となる。

プレイヤー 1 の行動戦略がプレイヤー 2 の行動戦略に対して最適となるためには純戦略 s_1 に対する 1 の期待利得と s_2 に対する 1 の期待利得が等しくならなければならない。$p < \frac{1}{5}$ のとき，上では t_2，下では t_1 をとるので，プレイヤー 1 の信念が $\left(\frac{1}{2}, \frac{1}{2}\right)$ であることに注意してプレイヤー 1 の

期待利得を計算すると s_1 に対して $2 \times \frac{1}{2} + 0 \times \frac{1}{2} = 1$ であり s_2 に対して $0 \times \frac{1}{2} + 3 \times \frac{1}{2} = 1.5$ であるから一致しない。

同様に $p > \frac{1}{4}$ のとき, 上では t_1, 下では t_2 をとるので, s_1 に対するプレイヤー 1 の期待利得は $3 \times \frac{1}{2} + 2 \times \frac{1}{2} = 2.5$ であり s_2 に対して $6 \times \frac{1}{2} + 4 \times \frac{1}{2} = 5$ であるから一致しない。

$\frac{1}{5} < p < \frac{1}{4}$ のとき, どちらの情報集合でも t_2 をとるので, s_1 に対するプレイヤー 1 の期待利得は $2 \times \frac{1}{2} + 2 \times \frac{1}{2} = 2$ であり s_2 に対して $0 \times \frac{1}{2} + 4 \times \frac{1}{2} = 2$ であるから一致する。すなわち, 整合的な局所戦略の組を見つけることが可能である。

残りのケースを考えよう。$p = \frac{1}{5}$ のとき, 下の情報集合 u_{22} では任意の局所戦略が最適であるので, それを $(q, 1-q)$ としよう。s_1 に対するプレイヤー 1 の期待利得は $2 \times \frac{1}{2} + (0q + 2(1-q)) \times \frac{1}{2} = 2 - q$ であり s_2 に対するプレイヤー 1 の期待利得は $0 \times \frac{1}{2} + (3q + 4(1-q)) \times \frac{1}{2} = \frac{4-q}{2}$ であり $q = 0$ のときのみ一致する。すなわち, t_2 のみが整合的である。

$p = \frac{1}{4}$ のとき, 上の情報集合 u_{21} では任意の局所戦略が最適であるので, それを $(r, 1-r)$ としよう。s_1 に対するプレイヤー 1 の期待利得は $(3r + 2(1-r)) \times \frac{1}{2} + 2 \times \frac{1}{2} = \frac{r+4}{2}$ であり s_2 に対するプレイヤー 1 の期待利得は $(6r + 0) \times \frac{1}{2} + 4 \times \frac{1}{2} = 3r + 2$ であり, やはり $r = 0$ のとき, すなわち, t_2 のみが期待利得が一致し整合的である。

以上の結果を基にまとめると, プレイヤー 1 が純戦略でない行動戦略をとっているときの完全ベイジアン均衡は

(1 の行動戦略, 2 の行動戦略; 1 の u_1 における信念, (2 の u_{21} における信念, 2 の u_{22} における信念)) =

$$\left((p, 1-p), (t_2, t_2); \left(\frac{1}{2}, \frac{1}{2}\right), ((p, 1-p), (p, 1-p))\right) \quad \left(\text{ここで} \frac{1}{4} \leqq p \leqq \frac{1}{5}\right)$$

である。

5.3　演習問題

|||||||||| **演習問題 5.1** ||||||||||||||||||||||||||||||||||||||||||||||||||||||||||||||||||||||||||||||||||

例題 5.1 で，強タイプのプレイヤー 1 の利得を下記のように変更する。このとき，全ての完全ベイジアン均衡を求めよ。

行　動		利　得	
プレイヤー1	プレイヤー2	プレイヤー1	プレイヤー2
N		0	1
E	P	3	-4
E	A	-9	-3

|||||||||||||||||||||||||||||||||||||||||||||||||||||||||||||||||||||||||||||||||||||||||||||||||||||||||||||||

【演習問題 5.1 の解】

　　ほとんどの部分は例題 5.1 と変わらないが (4) で $p = \frac{1}{3}$ のところが少し変わる。

　$p = \frac{1}{3}$ のとき，プレイヤー 2 は行動戦略 $(q, 1-q)$（E をとる確率が q）をとるとすると，このとき，弱タイプのプレイヤー 1 の行動は変わらないが，強タイプのプレイヤー 1 は $q > \frac{3}{4}$ のとき，E をとり，$q < \frac{3}{4}$ のとき，N をとり，$q = \frac{3}{4}$ のとき，任意の局所戦略をとる。

　これをまとめると，$q < \frac{3}{4}$ のとき，いずれのタイプのプレイヤー 1 も N をとるので，$p = \frac{1}{3}$ と矛盾しない。$\frac{3}{4} < q$ のとき，いずれのタイプのプレイヤー 1 も E をとるのでプレイヤー 2 の情報集合 u_{21} においては 1 のタイプ W の確率は $\frac{1}{2}$ となり $p = \frac{1}{3}$ に矛盾する。$\frac{3}{4} = q$ のとき，両タイプのプレイヤーは任意の局所戦略をとることが可能であるので弱タイプのプレイヤー 1 は局所戦略 $(r, 1-r)$ をとり，強タイプのプレイヤー 1 は局所戦略 $(l, 1-l)$ をとるとする。これらの行動戦略からベイズの定理で求められる，プレイヤー

2 の情報集合 u_{21} におけるプレイヤー 1 のタイプ W の確率は

$$\frac{r}{r+l}$$

であるから $\frac{r}{r+l} = \frac{1}{3}$ より，$2r = l$ となる。

以上の結果から，完全ベイジアン均衡は

(1 の行動戦略, 2 の行動戦略；2 の信念) =

$\left((E, E), P; \left(\frac{1}{2}, \frac{1}{2} \right) \right),$

$\left((N, N), A; (p, 1-p) \right)$ $\left(\text{ここで} \quad p < \frac{1}{3} \right),$

$\left((N, N), (q, 1-q); \left(\frac{1}{3}, \frac{2}{3} \right) \right)$ $\left(\text{ここで} \quad q < \frac{3}{4} \right),$

$\left(((r, 1-r), (l, 1-l)), \left(\frac{3}{4}, \frac{1}{4} \right) \right); \left(\frac{1}{3}, \frac{2}{3} \right) \right)$ $(\text{ここで} \quad 2r = l)$

となる。

演習問題５.２

例題５.１のゲームで弱タイプのプレイヤー１の確率が $\frac{1}{4}$ である場合に，全ての完全ベイジアン均衡を求めよ。

【演習問題５.２の解】

この場合，計算自体はほとんど変わらない。完全ベイジアン均衡は以下のようになる。

（1 の行動戦略，2 の行動戦略；2 の信念）$=$

$\left((N,N), A; (p, 1-p)\right)$ $\left(\text{ここで} \quad p < \frac{1}{3}\right)$,

$\left((N,N), (q, 1-q); \left(\frac{1}{3}, \frac{2}{3}\right)\right)$ $\left(\text{ここで} \quad q \leqq \frac{2}{5}\right)$

6

提携形ゲーム

　本章では戦略形ゲーム，展開形ゲームとはまったく異なる定式化である提携形ゲームを紹介する．提携形ゲームは協力ゲームを表現する代表的な表現形式である．提携形ゲームではプレイヤー全員での協力による利益を全員でどのように分けるかが問題となる．その際，各プレイヤーの得る利得を他人に譲渡することができるという仮定をおくことにより，表現が単純になり，多人数のゲームを分析したり，多様な解概念を提示することが可能となる．ここでは経済的，政治的，社会的な問題をこのような譲渡可能効用のある提携形ゲームとして表現する問題を演習する．その際，戦略形ゲームから提携形ゲームを導く手法も重要となる．

6.1　重要事項のまとめ

◆ **提携形ゲーム**　プレイヤー集合と特性関数の組により表現されるゲームを提携形ゲームあるいは特性関数形ゲームという。特性関数の値が提携の得る利得の和を表すためには別払いと譲渡可能効用の存在が必要となる。

（譲渡可能効用をもつ）提携形 n 人ゲームの要素：(N,v)　（ここで $|N| = n$）

◆ **プレイヤー集合**　ゲームにおいて提携を形成し交渉し，利得の分配を受ける主体の集合をプレイヤー集合という。

プレイヤー集合：$N = \{1, 2, 3, ..., n\}$

◆ **提携**　協力行動をとるために形成されたプレイヤーのグループを提携とよび，プレイヤー集合 N の部分集合で表す。プレイヤー集合 N のことを全体提携とよぶ場合がある。

提携：S　（ここで，$S \subseteq N$）

◆ **特性関数**　各提携に対し，その提携のメンバーが自分たちの協力行動で獲得可能な利得の総和（実数値）を対応させる関数を特性関数という。この総和値 $v(S)$ を提携値とよぶ場合がある。

特性関数：$v : 2^N \to \mathbf{R}$，ただし，$v(\phi) = 0$。ここで，2^N は全ての N の部分集合の集合族を表す。したがって，v は N の部分集合に実数値を対応させる関数となる。

◆ **優加法性**　共通部分のない全ての2つの提携 S, T に対し，協力したことによる提携値 $v(S \cup T)$ が，それぞれ個別に行動したときの提携値 $v(S), v(T)$ の和より等しいか大きいとき，ゲーム (N, v) あるいは特性関数 v は優加法性を満たすという。優加法性を満たすゲームにおいては，通常全体提携 N が形成されると仮定される。

6 提携形ゲーム

　　優加法性の条件：$S \cap T = \phi$ を満たす任意の提携 S, T に対し，$v(S \cup T) \geq v(S) + v(T)$

◆ **単調性**　　T が S の真部分集合であるような全ての 2 つの提携 S, T に対し，大きな提携 S の提携値 $v(S)$ が小さな提携 T の提携値 $v(T)$ 以上であるとき，ゲーム (N, v) あるいは特性関数 v は**単調性**を満たすという。

　　単調性の条件：全ての $S \supset T$ を満たす提携 S, T に対し，$v(S) \geq v(T)$

◆ **本質的ゲーム**　　提携形ゲームでは一般に，全体提携の提携値をいかにプレイヤーの間で分配するかが問題となるが，その問題が意味をもつには，全体提携の提携値が，各個人の提携値の和を越えていなければならない。この条件を満たすゲームを**本質的ゲーム**という。

　　本質的ゲームの条件：$v(N) > \sum_{i=1}^{n} v(\{i\})$

◆ **戦略的同等**　　2 つのゲームの特性関数の間に下の式で表される関係が成り立つとき，行動選択の観点からは同値なゲームであると考えられ，2 つのゲームは**戦略的同等**であるという。

　　(N, v) と (N, v') が戦略的同等：ある正の数 α，実数 $\beta_1, \beta_2, ..., \beta_n$ が存在して，全ての S に対し，

$$v'(S) = \alpha v(S) + \sum_{i \in S} \beta_i$$

◆ **ゼロ正規化**　　あるゲーム (N, v) に対して，それと戦略的に同等かつ全ての一人提携の提携値 $v'(\{i\})$ がゼロであるようなゲーム (N, v') を求めることを**ゼロ正規化**という。

　　ゼロ正規化：全ての $S \subseteq N$ に対し，$v'(S) = v(S) - \sum_{i \in S} v(\{i\})$

◆ **費用特性関数と費用ゲーム**　　各提携に対し，その提携共同行動をとる場合にかかる費用総額を対応させる関数を**費用特性関数**とよび，プレイヤー集合と費用特性関数の組を**費用ゲーム**という。

費用特性関数：$c: 2^N \to \boldsymbol{R}$
費用ゲーム：(N, c)

◆ **費用節約ゲーム**　　費用特性関数から下記の変換により生成した特性関数をもつゲームを費用節約ゲームという。提携値はその提携を形成したとき，個別に費用を支払った場合からの節約額を表している。

費用節約ゲームの特性関数：$v(S) = \sum_{i \in S} c(\{i\}) - c(S)$

6.2 例題

例題 6.1

A, B, C をプレイヤーとし，戦略と利得の関係が下の表で与えられている戦略形ゲームを考える．利得が譲渡可能であり，各プレイヤーは純戦略のみをとるとするとき，このゲームを特性関数形3人ゲームとして表現せよ．

プレイヤー C ···戦略 r_1

A \ B	戦略 t_1	戦略 t_2
戦略 s_1	2, 1, 2	4, 4, 6
戦略 s_2	0, 5, 7	1, 6, 1

プレイヤー C ···戦略 r_2

A \ B	戦略 t_1	戦略 t_2
戦略 s_1	6, 2, 4	8, 1, 2
戦略 s_2	5, 0, 8	5, 2, 6

例題 6.1 の解

(1) フォン・ノイマンとモルゲンシュテルンによる定式化

提携値としてはマックスミニの考え方を用いる．すなわち提携を形成したとき，そのメンバーは自分たちの利得の和が最大になるように戦略を調整するが，そのとき，メンバー以外のプレイヤーの戦略はまったくわからないので最悪のケースを想定する．まず $v(\{A\})$ から考える．A は戦略 s_1 をとれば 2,4,6,8 の利得のどれかを得ることになり最小値は 2，戦略 s_2 をとれば 0,1,5,5 のどれかを得ることになり，最小値は 0 となる．それゆえ A の戦略 s_1 がマックスミニ戦略となり，マックスミニ値である 2 が提携値となる．すなわち，$v(\{A\}) = 2$ である．同様にすると B のマックスミニ戦略は t_2 で $v(\{B\}) = 1$，C のマックスミニ戦略は r_2 で $v(\{C\}) = 2$ である．

次に $v(\{A, B\})$ について考える．利得は譲渡可能なので，彼らは利得の和を最大にする．A が戦略 s_1，B が戦略 t_1 をとったときの彼らの利得の和は 3,8 のどちらかである．A が戦略 s_1，B が戦略 t_2 をとったときには利得和は 8 か 9，A が戦略 s_2，B が戦略 t_1 をとったときには利得和は 5 か 5，A が戦略 s_2，B が戦略 t_2 をとったときには利得和は 7 か 7 である．これは次のよ

うに表現することができる。

C AB	r_1	r_2
s_1, t_1	3	8
s_1, t_2	8	9
s_2, t_1	5	5
s_2, t_2	7	7

それゆえ利得和の最小を最大にするように戦略を選ぶと，A が戦略 s_1，B が戦略 t_2 をとることになり，このときのマックスミニ値は 8 である。よって $v(\{A,B\}) = 8$ である。以下同様に考えれば提携 $\{B,C\}$ に対しては B が t_2，C が r_1 をとり $v(\{B,C\}) = 7$ となる。提携 $\{A,C\}$ に対しては A が s_2，C が r_2 をとり $v(\{A,C\}) = 11$ となる。

全体提携について考えると，提携外のメンバーはいないので，単に利得の総和が最大となる戦略の組を考えればよい。それは A が戦略 s_1，B が戦略 t_2，C が戦略 r_1 をとる場合で利得和は 14 である。すなわち，$v(\{A,B,C\}) = 14$ となる。

(2) ナッシュ均衡による定式化

提携 S の提携値を考える場合，S と $N \setminus S$ をプレイヤーとする 2 人ゲームを行い，そのナッシュ均衡を提携値と考える。ここで，利得は譲渡可能であるから S の利得は S に属するメンバーの利得の総和であり，$N \setminus S$ の利得は $N \setminus S$ に属するメンバーの利得の総和である。この考え方によると提携 $\{A,B\}$ と提携 $\{C\}$ の提携値は次の 2 人ゲームから求めることができる。

C AB	r_1	r_2
s_1, t_1	3, 2	8, 4
s_1, t_2	8, 6	9, 2
s_2, t_1	5, 7	5, 8
s_2, t_2	7, 1	7, 6

このゲームのナッシュ均衡は唯一存在して，$((s_1, t_2), r_1)$ である．したがって，$v(\{A, B\}) = 8$, $v(\{C\}) = 6$ となる．これは (1) の定式化と異なっている．なお，このゲームでの AB, C のマックスミニ値を求めたものが (1) の提携値となっている．

同様に提携 $\{A, C\}$ と提携 $\{B\}$ の 2 人ゲームは，

AC \ B	t_1	t_2
s_1, r_1	4, 1	10, 4
s_1, r_2	10, 2	10, 1
s_2, r_1	7, 5	2, 6
s_2, r_2	13, 0	11, 2

となり，唯一のナッシュ均衡は，$((s_2, r_2), t_2)$ であり，$v(\{A, C\}) = 11$, $v(\{B\}) = 2$ となる．さらに，提携 $\{B, C\}$ と提携 $\{A\}$ の 2 人ゲームは，

BC \ A	s_1	s_2
t_1, r_1	3, 2	12, 0
t_1, r_2	6, 6	8, 5
t_2, r_1	10, 4	7, 1
t_2, r_2	3, 8	8, 5

となり，唯一のナッシュ均衡は，$((t_2, r_1), s_1)$ であり，$v(\{B, C\}) = 10$, $v(\{A\}) = 4$ となる．全体提携の提携値はメンバー外のプレイヤーはいないので，利得和の最大値となり，(1) と同じく $v(\{A, B, C\}) = 14$ となる．この方法の問題点は，各ゲームにおいてナッシュ均衡が存在しなかったり，複数存在した場合にどのように提携値を決定するか明確な規準がないことである．

---- 例題 6.2 ----

ある分割できない財（中古車，中古 PC など）を売りたいと思う売り手 A と買いたいと思う買い手 B, C がいる。売り手 A はこの財の価値を 5 万円と考え，買い手 B, C はどちらもこの財は 15 万円の価値があると考えているとする。すなわち，A は 5 万円以上でなければこの財を売らないし，B と C は 15 万円以下でないと買わない。利得が譲渡可能であるとき，この状況を特性関数形ゲームとして定式化せよ。さらに，この財に対する C の評価が 12 万円に減少したときに，この状況を特性関数形ゲームとして定式化せよ。

(例題 6.2 の解)

プレイヤー集合 N は $N = \{A, B, C\}$ である。売り手と買い手の取引を協力関係と考え，その取引によって高まった財の評価値を提携値と考えよう。

A は財を所有しているので，何の取引がなくとも評価値 5 の財をもっているから $v(\{A\}) = 5$ である。同様に，B, C は取引をしなければ財を保有できないので自分だけでは何も得られない。したがって $v(\{B\}) = v(\{C\}) = 0$ である。さらに，A と B が協力して取引すると財の価値を高く見積もっている B が財を保有することにより，財の評価値は 15 に増加するので $v(\{A, B\}) = 15$ となる，同様に $v(\{A, C\}) = 15$ である。一方，B と C が取引しても，何も生じないので，やはり $v(\{B, C\}) = 0$ である。

さらに，全員で協力するケースを考えよう。この場合も，結局は A, B, C のうち誰か一人しか財を保有できず，最も高く評価している B か C が財を保有することになるので，$v(\{A, B, C\}) = 15$ である。

これらをまとめると，

$$v(ABC) = 15,\ v(AB) = 15,\ v(AC) = 15,\ v(BC) = 0,$$
$$v(A) = 5,\ v(B) = 0,\ v(C) = 0$$

である。ここで，$v(\{A, B, C\})$ を $v(ABC)$ のように表している。今後はこの記法を一般に使用する。

このゲーム (N, v) をゼロ正規化すると次のゲーム (N, v') が得られる。

$$v'(ABC) = v(ABC) - v(A) - v(B) - v(C) = 10,$$
$$v'(AB) = v(AB) - v(A) - v(B) = 10,$$
$$v'(AC) = v(AC) - v(A) - v(C) = 10, \ v'(BC) = 0,$$
$$v'(A) = 0, \ v'(B) = 0, \ v'(C) = 0$$

このゼロ正規化されたゲームの提携値は，協力により生じた余剰（買い手の評価額の最高額と売り手の評価額の差）の値と考えることができる。

C の評価が 12 万円に減少した場合のゲーム (N, v) とゼロ正規化されたゲーム (N, v') は次のように表される。

$$v(ABC) = 15, \ v(AB) = 15, \ v(AC) = 12, \ v(BC) = 0,$$
$$v(A) = 5, \ v(B) = 0, \ v(C) = 0$$
$$v'(ABC) = 10, \ v'(AB) = 10, \ v'(AC) = 7, \ v'(BC) = 0,$$
$$v'(A) = 0, \ v'(B) = 0, \ v'(C) = 0$$

--- 例題 6.3 ---

ある駅より A, B, C の 3 人が同じ方向にある自宅へタクシーを利用することを考えている．それぞれが個別に利用すると，運賃は，A が 2000 円，B が 3000 円，C が 4000 円となる．A と B が 1 台の車に乗り合うと，両方の自宅までで 4000 円，B と C が乗り合うと 6500 円，C と A が乗り合うと 4500 円となる．さらに 3 人が 1 台の車に乗り合うと 7000 円かかる．この状況を 3 人費用節約ゲームとして定式化せよ．

例題 6.3 の解

プレイヤー集合は $N = \{A, B, C\}$ である．始めに，費用特性関数 c を求めると，

$c(ABC) = 7000, \ c(AB) = 4000, \ c(AC) = 4500, \ c(BC) = 6500,$

$c(A) = 2000, \ c(B) = 3000, \ c(C) = 4000$

である．これから費用節約ゲーム (N, v) を求めると，

$$v(ABC) = 2000 + 3000 + 4000 - 7000 = 2000,$$
$$v(AB) = 2000 + 3000 - 4000 = 1000,$$
$$v(AC) = 2000 + 4000 - 4500 = 1500,$$
$$v(BC) = 3000 + 4000 - 6500 = 500,$$
$$v(A) = 2000 - 2000 = 0,$$
$$v(B) = 3000 - 3000 = 0,$$
$$v(C) = 4000 - 4000 = 0$$

となる．

6.3　演習問題

■■■■■■ **演習問題6.1** ■■■■■■

A, B, C の3人が協力して1万円の利益を上げた。この1万円の分配を多数決で決定する場合，この状況を特性関数形3人ゲームとして表せ。また，全員一致で決定する場合はどうなるか。これらの特性関数は優加法性，単調性を満たすか，また，これらは本質的ゲームか。

■■

【演習問題6.1の解】

多数決で決定する際の特性関数を v，全員一致で決定する際の特性関数を v' とすると以下のようになる。

$$v(ABC) = 1,\ v(AB) = 1,\ v(AC) = 1,\ v(BC) = 1,$$
$$v(A) = 0,\ v(B) = 0,\ v(C) = 0$$
$$v'(ABC) = 1,\ v'(AB) = 0,\ v'(AC) = 0,\ v'(BC) = 0,$$
$$v'(A) = 0,\ v'(B) = 0,\ v'(C) = 0$$

特性関数 v は優加法性を満たす。なぜなら，

$$v(ABC) = v(AB) + v(C),\ v(ABC) = v(AC) + v(B),$$
$$v(ABC) = v(BC) + v(A),$$
$$v(AB) > v(A) + v(B),\ v(AC) > v(A) + v(C),\ v(BC) > v(B) + v(C)$$

であるからである。また，単調性を満たす。なぜなら，

$$v(ABC) = v(AB) = v(AC) = v(BC) > v(A), v(B), v(C)$$

であるからである。また，ゲームは本質的である。なぜなら，

$$v(ABC) > v(A) + v(B) + v(C)$$

であるからである。同様に v' も優加法性，単調性を満たし，また本質的である。

演習問題 6.2

特性関数 v が優加法性を満たし，かつ，全ての $S \subseteq N$ について $v(S) \geqq 0$ を満たせば，単調性も満たすことを示せ。

【演習問題 6.2 の解】

全ての $S, T (S \supseteq T)$ に対して，v は優加法性を満たすので，
$$v(S) \geqq v(T) + v(S \setminus T)$$
仮定より $v(S \setminus T) \geqq 0$ なので $v(S) \geqq v(T)$ である。それゆえ v は単調性を満たす。

演習問題 6.3

A, B, C をプレイヤーとする以下の 3 人ゲームが優加法性を満たすゲームであることを確かめ，さらにゼロ正規化せよ。

$$v(ABC) = 10,\ v(AB) = 5,\ v(BC) = 6,\ v(AC) = 6,$$
$$v(A) = 2,\ v(B) = 1,\ v(C) = 1$$

【演習問題 6.3 の解】

優加法性を満たすことは読者自ら確かめて頂きたい。ゼロ正規化したゲームを (N, v') とする。ここで，$N = \{A, B, C\}$ である。

$$v'(ABC) = 10 - 2 - 1 - 1 = 6,$$
$$v'(AB) = 5 - 2 - 1 = 2,$$
$$v'(BC) = 6 - 1 - 1 = 4,$$
$$v'(AC) = 6 - 2 - 1 = 3,$$
$$v'(A) = v'(B) = v'(C) = 0$$

となる。このゲームも優加法性を満たしている。優加法性を満たすゲームと戦略的に同等なゲームは常に優加法性を満たすことが知られている。

演習問題 6.4

A, B, C をプレイヤーとする以下の 3 人ゲームは単調性を満たすが優加法性を満たさないことを確かめ、さらにゼロ正規化せよ。

$$v(ABC) = 10, \ v(AB) = 5, \ v(BC) = 6, \ v(AC) = 6,$$
$$v(A) = 4, \ v(B) = 2, \ v(C) = 1$$

【演習問題 6.4 の解】

単調性を満たすことは容易に確かめられる。優加法性を満たさないことは

$$v(AB) = 5 < 4 + 2 = v(A) + v(B)$$

からわかる。$N = \{A, B, C\}$ とし、ゼロ正規化したゲームを (N, v') とすると、

$$v'(ABC) = 10 - 4 - 2 - 1 = 3,$$
$$v'(AB) = 5 - 4 - 2 = -1,$$
$$v'(BC) = 6 - 2 - 1 = 3,$$
$$v'(AC) = 6 - 4 - 1 = 1,$$
$$v'(A) = v'(B) = v'(C) = 0$$

となる。このゲームは単調性も優加法性も満たしていない。単調性を満たすゲームと戦略的に同等なゲームは単調性を満たすとは限らない。

|||||||||| **演習問題6.5** ||||||||||||||||||||||||||||||||||||||||||||||||||||||||||||||||||||

3人のプレイヤー1，2，3が3人の候補 A, B, C のいずれかに投票をする。多数の票を得た候補が選出されるが，各候補とも1票で同数の場合は誰も選出されず，全員の利得がゼロとなる。各プレイヤーの各候補に対する利得（評価）は，

$$
\begin{array}{llll}
\text{プレイヤー1} & A\cdots 2, & B\cdots 1, & C\cdots 0 \\
\text{プレイヤー2} & A\cdots 0, & B\cdots 2, & C\cdots 1 \\
\text{プレイヤー3} & A\cdots 1, & B\cdots 0, & C\cdots 2
\end{array}
$$

で与えられる。この利得が譲渡可能であるとき，このゲームを特性関数形3人ゲームとして表現せよ。なお，提携を形成したときはメンバーの利得の和が最大となるように同一の候補に投票するものとする。

||||||||||||||||||||||||||||||||||||||||||||||||||||||||||||||||||||||||||||||||||

【演習問題6.5の解】

1人提携では常に自分にとって一番望ましくない候補者が選出される可能性がある。2人提携以上ではともに同一の候補者に投票することにより選出される候補者を選ぶことができる。以上から特性関数は以下のようになる。ここで $v(\{1,2,3\})$ を $v(123)$ のように表している。

$$v(123) = 3,\ v(12) = 3,\ v(23) = 3,\ v(13) = 3,$$
$$v(1) = 0,\ v(2) = 0,\ v(3) = 0$$

演習問題 6.6

費用ゲーム (N,c) に対し，ゲーム (N,v') の特性関数を $v'(S) = -c(S)$ で定義するとき，このゲームは費用節約ゲーム (N,v) と戦略的同等となることを示せ。

【演習問題 6.6 の解】

費用節約ゲームの定義より，任意の $S \subseteq N$ に対して，

$$v(S) = \sum_{i \in S} c(\{i\}) - c(S)$$

$$= v'(S) + \sum_{i \in S} c(\{i\})$$

である。よって $\alpha = 1$, $\beta_i = -c(\{i\})$ とすれば，(N,v) と (N,v') が戦略的同等であることがわかる。

7

配分集合とコア

　提携形ゲームの主目的はプレイヤーの間でどのように利得を分配すべきかを分析することである．このとき，最も基本的な性質は全体合理性と個人合理性であり，それを満たす分配は配分とよばれている．配分の中でプレイヤーのグループとしての逸脱行動を配分の間の支配関係としてとらえ，それに対して安定なもの（支配されないもの）の集合をコアとよぶ．コアは提携形ゲームの解として最も良く知られたものの一つである．

　この章では，コアの基本的な性質を吟味している．特に3人ゲームのコアを基本三角形により計算する方法が紹介される．コアは経済学にも数多くの応用があり，その一端は8章で示される．

7.1 重要事項のまとめ

◆ **利得ベクトル**　提携形ゲームにおいては，全体提携が形成される場合，各プレイヤーが最終的に得る利得が問題となる。そのとき，各プレイヤーの得る利得を成分が各プレイヤーに対応するベクトル（利得ベクトル）で表現する。

　　利得ベクトル：$x = (x_1, x_2, ..., x_n) \in \boldsymbol{R}^n$

◆ **配分**　全体合理性と個人合理性を満たす利得ベクトルを配分という。ここで，全体合理性とは，全てのプレイヤーの利得の和が全体提携値となることであり，個人合理性とは各プレイヤーの利得が個人提携値以上であることをいう。

　　全体合理性：$\sum_{i=1}^{n} x_i = v(N)$

　　個人合理性：全ての $i \in N$ に対し，$x_i \geqq v(\{i\})$

　　配分集合：
$$I = \left\{ x \in \boldsymbol{R}^n \;\middle|\; x_i \geqq v(\{i\}) \;\; i = 1, 2, ..., n, \;\; \sum_{i=1}^{n} x_i = v(N) \right\}$$

◆ **3人ゲームの基本三角形**　$N = \{A, B, C\}$ とするとき，高さが全体提携値 $v(N)$ であり，頂点が A, B, C である正三角形でゼロ正規化されたゲームの配分集合を表すことができる。これを3人ゲームの基本三角形という。ここで，各利得ベクトル $x = (x_A, x_B, x_C)$ は基本三角形内部の点 x から各辺に下ろした垂線の長さに対応している。垂線の長さの和は正三角形の高さと一致し，基本三角形の内部では垂線の長さは全てゼロ以上であるので基本三角形の内部の集合はゼロ正規化されたゲームの配分の集合と一致する。

7 配分集合とコア

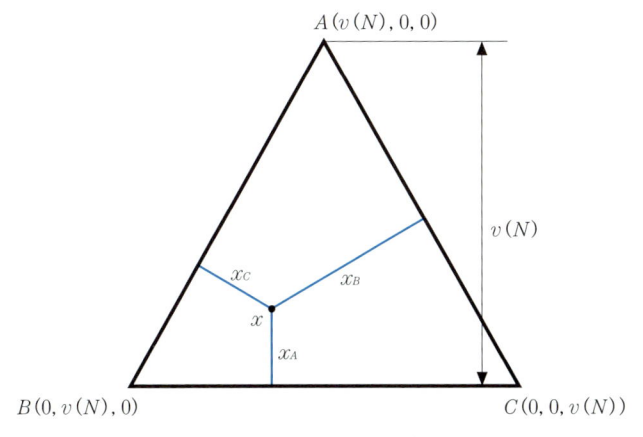

$A(v(N), 0, 0)$

$v(N)$

x_C　x_B

x

x_A

$B(0, v(N), 0)$　　　　　　　$C(0, 0, v(N))$

3人ゲームの基本三角形

◆ **（配分の）支配**　2つの配分 x と y の間で，提携 S だけで x が実現可能 $\left(\sum_{i \in S} x_i \leqq v(S)\right)$ で，S のメンバー全員にとって x の与える利得が y の与える利得より大きいとき，x は y を提携 S を通して支配するという．ある提携 S を通して x が y を支配するとき，単に x は y を支配するという．

支配関係：

配分 $x = (x_1, x_2, ..., x_n)$ は提携 S を通して配分 $y = (y_1, y_2, ..., y_n)$ を支配する：　　$x \,\mathrm{dom}_S\, y \quad \iff \quad \sum_{i \in S} x_i \leqq v(S), \quad x_i > y_i \; \forall i \in S$

配分 x は配分 y を支配する：　$x \,\mathrm{dom}\, y \quad \iff$
　　　　　ある提携 S が存在して，x は S を通して y を支配する

◆ **コア**　他のいかなる配分にも支配されない配分の集合をゲームの**コア**という．

コア：

$C = \{x \in I \mid $ 全ての $y \in I(y \neq x)$ に対して，$y \,\mathrm{dom}\, x$ が成り立たない $\}$

重要な定理

定理 7.1

戦略的に同等な 2 つのゲーム (N,v) (N,v') のコアは配分の間の変換
$$x'_i = \alpha x_i + \beta_i \qquad i = 1, 2, ..., n$$
によって同型である。すなわち，この変換は一対一かつ全射となる。したがって，もとのゲーム (N,v) をゼロ正規化したゲーム (N,v') のコアから，変換 $x_i = x'_i + v(\{i\})$ によって元のゲームのコアを求めることができる。

定理 7.2

優加法性を満たすゲーム (N,v) のコアは次の集合：
$$\left\{ x \in I \mid 全ての\ S \subset N\ に対して\ \sum_{i \in S} x_i \geqq v(S) \right\}$$
と一致する。ここで，条件
$$全ての\ S \subset N\ に対して\ \sum_{i \in S} x_i \geqq v(S)$$
は提携合理性とよばれている。

7.2　例題

> **例題 7.1**
>
> A, B, C をプレイヤーとする以下の 3 人ゲーム
>
> $$v(ABC) = 10,\ v(AB) = 5,\ v(BC) = 6,\ v(AC) = 6,$$
> $$v(A) = 2,\ v(B) = 1,\ v(C) = 1$$
>
> において，利得ベクトル $(5, 1, 4)$ は配分集合およびコアに属するか否かを調べよ。属さない場合は属するような利得ベクトルを少なくとも一つ求めよ。さらに，このゲームをゼロ正規化したゲームのコアを基本三角形で示せ。

例題 7.1 の解

利得ベクトル $(5, 1, 4)$ は配分集合に属する。なぜなら，

全体合理性：$5 + 1 + 4 = v(ABC)$

を満たし，

個人合理性：$5 \geqq v(A),\ 1 \geqq v(B),\ 4 \geqq v(C)$

を満たすからである。しかしながら，$(5, 1, 4)$ がコアには属さない。なぜなら，

$$1 + 4 < v(BC)$$

なので BC を通して配分 $(5, 1, 4)$ を支配するような配分（例えば，$(4, 1.5, 4.5)$）が存在するからである。コアに属する配分としては例えば $(2, 3, 5)$ がある。

このゲームをゼロ正規化したゲームを (N, v') とすると，

$$v'(ABC) = 6,\ v'(AB) = 2,\ v'(BC) = 4,\ v'(AC) = 3,$$
$$v'(A) = v'(B) = v'(C) = 0$$

となる。このとき，コアを基本三角形上で表すと次の図のようになる。

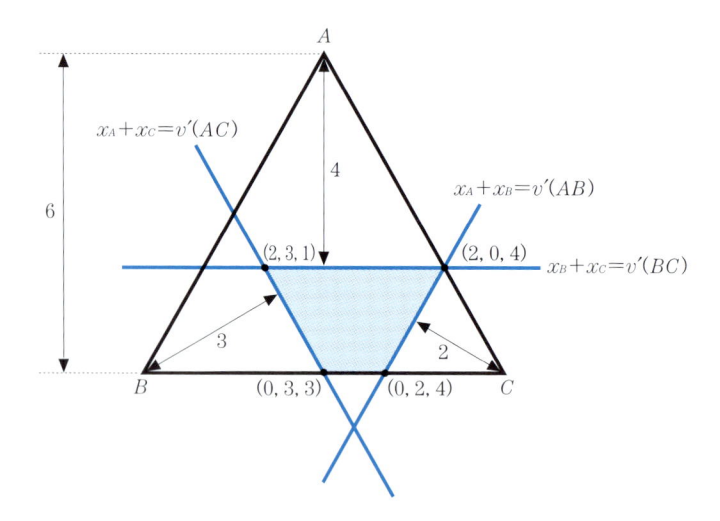

ここで，このゲームは優加法性を満たしているので定理 7.2 より，コアは提携合理性を満たす配分の集合である。基本三角形の内部が配分の集合であり，直線 $x_A + x_B = v'(AB)$ の左上の部分が $x_A + x_B \geqq v'(AB)$ を満たすこと，$x_B + x_C = v'(BC)$ の下の部分が $x_B + x_C \geqq v'(BC)$ を満たすこと，$x_A + x_C = v'(AC)$ の右上の部分が $x_A + x_C \geqq v'(AC)$ を満たすことに注意すると，色アミ部分がコアになる。

7 配分集合とコア

例題 7.2

A, B, C をプレイヤーとする以下の 3 人ゲーム

$$v(ABC) = 10,\ v(AB) = 5,\ v(BC) = 7,\ v(AC) = 8,$$
$$v(A) = 0,\ v(B) = 0,\ v(C) = 0$$

の配分集合および，コアを計算で求めよ。

例題 7.2 の解

ゲームは優加法性を満たすことに注意する。配分集合 I は

$$I = \{x \in \mathbf{R}^3 \mid x_A \geqq 0,\ x_B \geqq 0,\ x_C \geqq 0,\ x_A + x_B + x_C = 10\}$$

である。2 人提携に関する提携合理性から，

$$x_A + x_B \geqq 5,\ x_B + x_C \geqq 7,\ x_A + x_C \geqq 8$$

が成り立つ。ここで，少なくとも一つの不等式が厳密な不等号 $>$ であると仮定する。辺々加えると，$2(x_A + x_B + x_C) > 20$ となるから，全体合理性に矛盾する。したがって

$$x_A + x_B = 5,\ x_B + x_C = 7,\ x_A + x_C = 8$$

が成り立たなければならない。これを解くと $x_A = 3,\ x_B = 2,\ x_C = 5$ となり，コアは $(3, 2, 5)$ の一点となる。

例題 7.3

例題6.2をゼロ正規化したゲームのコアを求めよ。

例題7.3の解

C の評価値が 15 万円のゲーム (N, v) は

$$v(ABC) = 10,\ v(AB) = 10,\ v(AC) = 10,\ v(BC) = 0,$$
$$v(A) = v(B) = v(C) = 0$$

と表される。このゲームのコアは例題7.2と同様な計算より $(10, 0, 0)$ の一点である。すなわち，プレイヤー A が全ての協力の利益（余剰）を独占する。

C の評価値が 12 万円のゲーム (N, v) は

$$v(ABC) = 10,\ v(AB) = 10,\ v(AC) = 7,\ v(BC) = 0,$$
$$v(A) = v(B) = v(C) = 0$$

と表される。このゲームのコア C は

$$C = \{x \in \mathbf{R}^3 \mid x_A \geq 7,\ x_B \geq 0,\ x_C = 0,\ x_A + x_B = 10\}$$

となり，以下の基本三角形の太い青色の線分で表される。

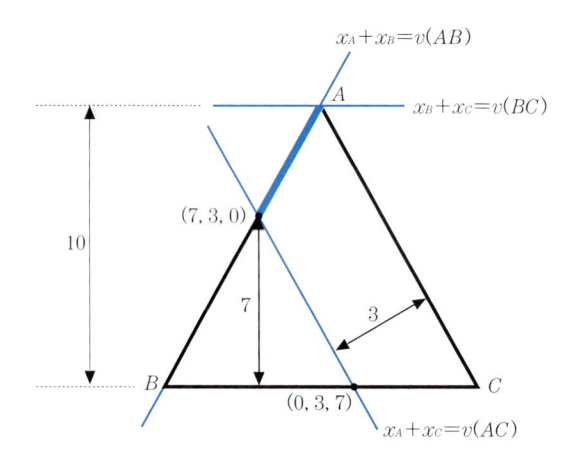

C の評価値が 12 万円に減じたことにより，B のパワーが増し，コアによると B は 0 以上 3 万円以下の利得を得ることになる。

7 配分集合とコア

例題 7.4

定理 7.2 を証明せよ。

例題 7.4 の解

提携合理性を満たす配分の集合を $\hat{C}$ と表すことにし，$\hat{C} = C$ を示す。

始めに，$\hat{C} \subseteq C$ を示す。$x \in \hat{C}$ とし，$x \notin C$ と仮定する。このとき，ある $S \subseteq N$ と，$y \in I$ が存在して $y \operatorname{dom}_S x$ が成り立つ。支配関係の定義から $\sum_{i \in S} y_i \leqq v(S)$，かつ全ての $i \in S$ に対して $y_i > x_i$ が成り立つ。後者の不等式から $\sum_{i \in S} y_i > \sum_{i \in S} x_i$ が成り立つので，$v(S) > \sum_{i \in S} x_i$ となり，$x \in \hat{C}$ に矛盾する。

次に，$\hat{C} \supseteq C$ を示す。$x \in C$ とし，$x \notin \hat{C}$ と仮定する。このとき，ある提携 $S \subset N$ に対して，$v(S) > \sum_{i \in S} x_i$ が成り立つので，$\varepsilon = v(S) - \sum_{i \in S} x_i > 0$ とする。さらに，$\eta = v(N) - v(S) - \sum_{j \in N \setminus S} v(\{j\})$ とおくと，優加法性から $\eta \geqq 0$ となる。このとき，次のような利得ベクトル z を定義する。

$$i \in S \text{ に対して} \quad z_i = x_i + \frac{\varepsilon}{|S|}$$

$$i \in N \setminus S \text{ に対して} \quad z_i = v(\{i\}) + \frac{\eta}{|N| - |S|}$$

ここで $|S|$ は提携 S のメンバーの数を表す。このとき，

$$\sum_{i \in N} z_i = \sum_{i \in S} x_i + \varepsilon + \sum_{i \in N \setminus S} v(\{i\}) + \eta = v(N)$$

かつ，全ての $i \in S$ に対して $z_i > x_i \geqq v(\{i\})$，全ての $i \in N \setminus S$ に対して $z_i \geqq v(\{i\})$ であるので，z は配分となる。また，$i \in S$ に対して $z_i > x_i$ かつ $\sum_{i \in S} z_i = \sum_{i \in S} x_i + \varepsilon = v(S)$，であるから，$S$ を通して，z は x を支配する。よって $x \in C$ に矛盾する。

7.3　演習問題

|||||||||||| **演習問題 7.1** ||||||||||||||||||||||||||||||||||||||||||||||||||||||||||||||||||||||||||||||||

ゲーム (N,v) に対し，利得ベクトルの集合

$$\left\{x \in \mathbf{R}^n \,\middle|\, \sum_{i=1}^n x_i \leq v(N)\right\}$$

を実行可能ベクトル集合と呼ぶ。この集合の中でパレート最適性を満たすベクトルの集合は全体合理性を満たすことを示せ。

ここでベクトル $x = (x_1, x_2, ..., x_n)$ が実行可能集合の中でパレート最適であるとは，$y_i \geq x_i$　$i = 1, 2, ..., n$（ただし，少なくとも一つの i について $y_i > x_i$）を満たす実行可能なベクトル $y = (y_1, y_2, ..., y_n)$ が存在しないことである。この事実から全体合理性のことをパレート最適性あるいは効率性とよぶ場合がある。

||||||||||||||||||||||||||||||||||||||||||||||||||||||||||||||||||||||||||||||||||||||||||||||||||||||||||||||||

【演習問題 7.1 の解】

実行可能でパレート最適な利得ベクトル $x = (x_1, x_2, ..., x_n)$ が全体合理性を満たさないとする。このとき，$\sum_{i \in N} x_i < v(N)$ となるから，$\varepsilon = v(N) - \sum_{i \in N} x_i > 0$ とし，各 $i \in N$ に対し，$y_i = x_i + \frac{\varepsilon}{|N|}$ とすれば，全ての i について，y は実行可能集合に属するベクトルで $y_i > x_i$ を満たすので，パレート最適性に矛盾する。

演習問題 7.2

費用ゲーム (N,c) に対応する，費用節約ゲーム (N,v) の利得ベクトル $x=(x_1,x_2,...,x_n)$ に費用分担ベクトル $y=(y_1,y_2,...,y_n)$ が対応し，$y_i = c(\{i\})-x_i$ を満たしているとする．このとき，対応する利得ベクトル x が配分集合，および，コアに属するための費用分担ベクトル y の条件を求めよ（後者を費用ゲームのコアとよぶ）．

【演習問題7.2の解】

配分集合に属する条件は，
$$c(\{i\})-y_i=x_i\geqq v(i)=0\ \forall i$$

および
$$\sum_{i\in N}(c(\{i\})-y_i)=\sum_{i\in N}x_i=v(N)=\sum_{i\in N}c(\{i\})-c(N)$$

より，任意の i に対して $y_i\leqq c(\{i\})$ と $\sum_{i\in N}y_i=c(N)$ である．

またコアに属する条件は，
$$\sum_{i\in S}(c(\{i\})-y_i)=\sum_{i\in S}x_i\geqq v(S)=\sum_{i\in S}c(\{i\})-c(S)\ \forall S$$

より，任意の $S\subseteq N$ に対して $\sum_{i\in S}y_i\leqq c(S)$ が成立することである．

▌演習問題 7.3

配分集合の中の 2 つの利得ベクトルがお互いに支配するような優加法性を満たすゲームの例を作成せよ。

【演習問題 7.3 の解】

配分の間の支配関係が成立するためには，少なくとも 2 人提携が必要であり，また，お互いに支配するためには，その 2 人提携の共通部分が空である必要があるので，少なくとも 4 人ゲームである必要がある。優加法性を満たす場合は実は 5 人以上のゲームが必要である。

$$N = \{1, 2, 3, 4, 5\},$$
$$v(N) = 5,$$
$$i \in N \text{ のとき } v(\{i\}) = 0,$$
$$|S| = 2 \text{ のとき } v(S) = 2,$$
$$|S| = 3 \text{ のとき } v(S) = 2,$$
$$|S| = 4 \text{ のとき } v(S) = 4$$

とし，2 つの配分を $x = (1, 1, 0, 0, 3)$, $y = (0, 0, 1, 1, 3)$ とすると，$x \operatorname{dom}_{\{1,2\}} y$, $y \operatorname{dom}_{\{3,4\}} x$ が成り立つ。

############ **演習問題 7.4** ############

R を右靴を 1 つ持つ人の集合，L を左靴を 1 つ持つ人の集合とし，彼らが提携を形成し，靴のペアを 1 足作成する度に 1 の利得が得られるものとする。これを $N = R \cup L$ をプレイヤー集合とするゲームとして定式化し，そのゲームのコアを求めよ（ヒント：$|R| \neq |L|$ のケースと $|R| = |L|$ のケースを分けて考える）。

【演習問題 7.4 の解】

このゲームのプレイヤー集合 N は $N = R \cup L$ で表され，特性関数は $S \subseteq N$ に対し，

$$v(S) = \min\{|R \cap S|, |L \cap S|\}$$

となる。$r = |R|, l = |L|$ とし，$r < l$ のケースを考えよう。このとき，コアに属する配分を $(x, y) = ((x_i)_{i \in R}, (y_j)_{j \in L})$ とすると，全ての $i \in R, j \in L$ に対し，$x_i = 1, y_j = 0$ である。これを示そう。始めにこのゲームが優加法性を満たすことに注意する。したがって提携合理性からコア C を求めることができる。

全ての $j \in L$ に対し，$v(N) = r, v(N \setminus \{j\}) = r, v(\{j\}) = 0$ である。したがって，

$$\sum_{i \in R} x_i + \sum_{k \in L} y_k = r, \quad \sum_{i \in R} x_i + \sum_{k \in L} y_k - y_j \geqq r \ \forall j \in L, \quad y_j \geqq 0 \ \forall j \in L$$

より全ての $j \in L$ に対し $y_j = 0$ である。さらに，全ての $i \in R$ に対し，$v(N \setminus \{i\}) = r - 1$ である。よって

$$\sum_{k \in R} x_k = r, \quad \sum_{k \in R} x_k - x_i \geqq r - 1 \ \forall i \in R$$

から $x_i \leqq 1$ となる。一方，$v(L \cup \{i\}) = 1$ であるから，$x_i \geqq 1$ である。すなわち，$x_i = 1$ となる。最後に配分 $(x, y) = ((x_i = 1)_{i \in R}, (y_j = 0)_{j \in L})$ がコアに属することを示す必要があるが，読者自ら確かめられたい。$r > l$ のケースも同様に求められる。

次に $r = l$ のときのコアを求めよう。このときは全ての $i \in R, j \in L$ に

対し，

$$v(N) = r, \quad v(N \setminus \{i,j\}) = r - 1 \leqq \sum_{k \in R} x_k + \sum_{k \in L} y_k - x_i - y_j = r - x_i - y_j,$$

$v(\{i,j\}) = 1 \leqq x_i + y_j$

より，$x_i + y_j = 1$ となる。これが任意の i, j について成り立つのだから $x_i = x_R$（定数）$\forall i \in R$, $y_j = y_L$（定数）$\forall j \in L$ とならなければならない。これらの方程式を満たす全ての配分がコアの不等式を満たすことをチェックするのは容易である。したがってこの場合のコアは

$$C = \{(x,y) | x_i = x_R \geqq 0 \ \forall i \in R, \ y_j = y_L \geqq 0 \ \forall j \in L, \ x_R + x_L = 1\}$$

となる。

7.4　練習問題

● 問題 7.1*

　s 人の売り手の集合 S と t 人の買い手の集合 T を考える。取り引きされるのは全て同一の財であり，売り手 i はその財を a_i，買い手 j はその財を b_j と評価している。さらに，$a_1 < a_2 < a_3 < ... < a_s, b_1 > b_2 > ... > b_t, b_1 > a_1$ と仮定しよう。このとき，各 $i \in S, j \in T$ に対し c_{ij} を

$$c_{ij} = \max\{0, b_j - a_i\}$$

で定義する。すなわち c_{ij} は売り手 i と買い手 j のペアがもたらす取引の利益の和である。

　(1)　U を任意の提携とするとき，まず，$U \subseteq S$ または $U \subseteq T$ のとき $v(U)$ を求めよ。さらに，それ以外の場合，$U \cap S = \{i_1, i_2, i_3, ..., i_k\}$，$a_{i_1} < a_{i_2} < ... < a_{i_k}$ および，$U \cap T = \{j_1, j_2, j_3, ..., j_l\}$，$b_{j_1} > b_{j_2} > ... > b_{j_l}$ と表されたとして，$v(U)$ を求めよ。

　(2)　コアに属する配分が $(u_1, u_2, ..., u_i, ..., u_s, v_1, v_2, ..., v_j, ..., v_t)$ と表されるとする。$c_{11} > c_{22} > ... > c_{qq} > c_{(q+1)(q+1)} = 0$ となる q が存在する場合，コアに属する全ての配分はパラメータ p により，

$$u_1 = p - a_1, \ u_2 = p - a_2, ..., u_q = p - a_q, \ u_{q+1} = 0, ..., u_s = 0$$
$$v_1 = b_1 - p, \ v_2 = b_2 - p, ..., v_q = b_q - p, \ v_{q+1} = 0, ..., v_t = 0$$
$$\max\{a_q, b_{q+1}\} \leqq p \leqq \min\{b_q, a_{q+1}\}$$

と表されることを示せ。

　(3)　(2) 以外の場合，$r = \min\{s, t\}$ とすると，$c_{11} > c_{22} > ... > c_{rr} > 0$ となる。この場合のコアに属する任意の配分をパラメータ p によって表せ。

8

コアの存在条件といろいろなゲームのコア

　7章で紹介したコアは，全てのゲームに対して存在するとは限らない。しかしながら，多くの重要なゲームのクラスにおいてコアは存在する。例えば，限界貢献度が逓増するゲームのクラスである凸ゲームのクラスや，市場をゲームとして表現した市場ゲームのクラスにおいて，コアは常に存在する。このようにコアが存在するゲームのクラスは平衡ゲームとして特徴づけられる。平衡ゲームの条件は3人ゲームや対称ゲームでは簡潔でわかりやすいが，一般には複雑である。

　市場ゲームにおいて，コアは経済学的にも明確な意味づけがある。さらに，経済学における重要な均衡の概念である競争均衡は常に市場ゲームのコアに含まれる。このような意味で，コアは経済学の概念として取り上げられる場合も多い。

　本章ではこれらの応用例とコアの存在条件について演習を行う。

8.1 重要事項のまとめ

◆ **対称ゲーム** 各提携の提携値が提携のメンバーの数にしか依存しないゲームを対称ゲームとよぶ。

対称ゲーム (N,v) : $|S|=|T|$ ならば $v(S)=v(T)$

◆ **凸ゲーム** 各プレイヤーの提携に対する貢献度が提携のサイズが大きくなるにつれ，等しいか増加するようなゲームを凸ゲームとよぶ（定理 8.3 の必要十分条件を用いた説明）。

凸ゲーム (N,v) : 任意の提携 S,T に対し，

$$v(S)+v(T) \leqq v(S\cup T)+v(S\cap T)$$

◆ **平衡ゲーム** 各プレイヤーの自分の所属する提携への参加率（合計 1 の重みベクトル）を考え，その下で実行可能な全ての提携の族（平衡集合族）を考える。ただし，提携が形成されるためには参加する全員の参加率（重み）が等しくなければならず，この参加率を提携の形成される確率と考える。このとき形成される提携値の期待値がいかなる参加率（重みベクトル）に対しても常に全体提携値を超えないとき平衡ゲームとよぶ。

平衡集合族：N の非空な真部分集合の族 $\{S_1,S_2,...,S_l\}$ が，ある正の数のベクトル（重みベクトル）$\gamma=(\gamma_1,\gamma_2,...,\gamma_l)$ に対して

$$\text{全ての } i\in N \text{ について、} \sum_{S_j\ni i}\gamma_j=1$$

が成り立つとき，平衡集合族という。

平衡ゲーム：ゲーム (N,v) に対し，全ての平衡集合族 $\{S_1,S_2,...,S_l\}$ とその任意の重みベクトル $\gamma=(\gamma_1,\gamma_2,...,\gamma_l)$ に対し，

$$\sum_{j=1}^{l}\gamma_j v(S_j) \leqq v(N)$$

が成り立つとき，平衡ゲームであるという。

◆ **市場ゲーム**　各個人（プレイヤー）がはじめにいくつかの財を初期保有し，市場のメンバーと財の交換を通じて効用を最大化する経済（交換経済）を考える。このとき，提携値が提携内の交換で実現可能なメンバーの利得の総和で表される提携形ゲームを市場ゲームという。

市場ゲーム：市場に m 種類の財 $(k=1,\cdots,m)$ が存在し，各プレイヤー $i \in N = \{1,2,\cdots,n\}$ の所有する財は m 次元非負ベクトルで表されるとする。各プレイヤーが最初に市場に持ち込む財ベクトル（初期保有）は，$w_i = (w_i^1, w_i^2, \cdots, w_i^m) \in \boldsymbol{R}_+^m$ で表されるとする。また，各プレイヤーの財ベクトル $x = (x^1, x^2, \cdots, x^m) \in \boldsymbol{R}_+^m$ に対する効用は効用関数 $u_i(x)$ で表されているとする。

このとき，市場ゲームの提携値は，各 $S \subseteq N$ に対し，
$$v(S) = \max\left\{\sum_{i \in S} u_i(x_i^1, x_i^2, \cdots, x_i^m) \,\middle|\, \sum_{i \in S} x_i^k = \sum_{i \in S} w_i^k \quad \forall k = 1, 2, \cdots, m\right\}$$
で表される。

◆ **市場ゲームの競争均衡配分**　交換経済において，財に対してある価格ベクトルが存在し，その下で各プレイヤーが効用の最大化を実現し，さらに全ての財の需給が一致している状態を競争均衡といい，それに対応する利得ベクトルを競争均衡配分という。

競争均衡：価格ベクトル $p = (p^1, p^2, \cdots, p^m) \in \boldsymbol{R}_+^m$ と各プレイヤーの得る財ベクトルの組 $(x_i^*)_{i \in N}$ に対し，
$$u_i(x_i^*) - \sum_{k=1}^m p^k(x_i^{*k} - w_i^k) \geqq u_i(x) - \sum_{k=1}^m p^k(x^k - w_i^k), \quad \forall x \in \boldsymbol{R}_+^m, \forall i \in N$$
$$\sum_{i \in N} x_i^* = \sum_{i \in N} w_i$$
が成り立つとき $(p, (x_i^*)_{i \in N})$ を競争均衡といい，それに対応する利得ベクトル $(z_i^*)_{i \in N}$

$$z_i^* = u_i(x_i^*) - \sum_{k=1}^{m} p^k(x_i^{*k} - w_i^k)$$

を競争均衡配分という。

■ 重要な定理 ■

― 定理 8.1 ―

優加法性を満たすゼロ正規化 3 人ゲーム (N,v) $(v(S) \geqq 0 \ \forall S \subset N)$ においてコアが存在するための必要十分条件は

$$v(12) + v(23) + v(13) \leqq 2v(N)$$

である。ここで，$N = \{1,2,3\}$ とする。

― 定理 8.2 ―

対称ゲーム (N,v) $(v(N) \geqq 0)$ の（定理 7.2 で与えられる）不等式系で定義されるコアが存在するための必要十分条件は

$$\text{全ての } S \subset N \text{ に対して}, \ \frac{v(S)}{|S|} \leqq \frac{v(N)}{|N|}$$

である。

― 定理 8.3 ―

ゲーム (N,v) が凸ゲームであるための必要十分条件は，任意の $i \in N$ と，任意の $S \subset T \subseteq N \setminus \{i\}$ を満たす S, T に対し，

$$v(S \cup \{i\}) - v(S) \leqq v(T \cup \{i\}) - v(T)$$

が成り立つことである。

― 定理 8.4 ―

n 人凸ゲームのコアは常に存在する。

定理 8.5

不等式系で表されるゲームのコアが存在する必要十分条件は，そのゲームが平衡ゲームであることである。

定理 8.6

市場ゲームのコアは各個人の効用関数が凹性と単調性を満たすとき，常に存在する。(演習問題8.5参照)

8.2 例 題

例題 8.1

定理 8.1 を証明せよ。

例題 8.1 の解

必要性：あるコアに属する配分 $x = (x_1, x_2, x_3)$ があるとする。そのとき，
$$x_1 + x_2 \geqq v(12),\ x_2 + x_3 \geqq v(23),\ x_1 + x_3 \geqq v(13)$$
が成り立つ。ここで，3つの不等式を辺々加えると，$2x_1 + 2x_2 + 2x_3 \geqq v(12) + v(23) + v(13)$ となる。ここで，$x_1 + x_2 + x_3 = v(N)$ であるから，$2v(N) \geqq v(12) + v(23) + v(13)$ を得る。

十分性：2つの場合に分け，いずれの場合もコアに属する配分があることを示す。

(1)　$v(12) + v(13) - v(N) \geqq 0$ のとき

利得ベクトル $x = (x_1, x_2, x_3)$ を
$$x_1 = v(12) + v(13) - v(N),\ x_2 = v(N) - v(13),\ x_3 = v(N) - v(12)$$
とする。このとき，(1) の条件と優加法性から，x は配分となり，
$$x_1 + x_2 = v(12),\ x_1 + x_3 = v(13),\ x_2 + x_3 = 2v(N) - v(12) - v(13) \geqq v(23)$$
より x はコアに属する。ここで，最後の不等式は，定理の条件から得られる。

(2)　$v(12) + v(13) - v(N) < 0$ のとき

利得ベクトル $x = (x_1, x_2, x_3)$ を
$$x_1 = 0,\ x_2 = v(12),\ x_3 = v(N) - v(12)$$
とする。このとき，x は優加法性より配分となり，
$$x_1 + x_2 = v(12),\ x_1 + x_3 = v(N) - v(12) > v(13),\ x_2 + x_3 = v(N) \geqq v(23)$$
より x はコアに属する。ここで，2番目の不等式は，(2) の条件から得られる。

--- 例題 8.2 ---

定理 8.2 を証明せよ。

(例題 8.2 の解)

十分性:利得ベクトル $x = \left(\frac{v(N)}{|N|}, \frac{v(N)}{|N|}, \frac{v(N)}{|N|}, ..., \frac{v(N)}{|N|}\right)$ とおく。このとき,明らかにこのベクトルは全体合理性を満たし,また,任意の提携 S に対し,

$$\sum_{i \in S} x_i = \sum_{i \in S} \frac{v(N)}{|N|} = |S|\frac{v(N)}{|N|} \geqq v(S)$$

が成り立つ。ここで,最後の不等式は定理の条件から得られる。この不等式は x が提携合理性および,個人合理性を満たすことを示しているから,x はコアに属する。

必要性:この対称ゲームのコアに属する任意の配分 $x = (x_1, x_2, ..., x_{|N|})$ をとる。このとき任意の S に対して,$\sum_{i \in S} x_i \geqq v(S)$ が成り立つ。ここで,$n = |N|$ とし,s を $1 \leqq s \leqq n-1$ となる整数とする。さらに $s = |S|$ を満たす,全ての S を考える。このような S の個数は $\binom{n}{s}$ である。ここで,$\binom{n}{s}$ は n 個のものから s 個とる組み合わせの数 $\frac{n!}{s!(n-s)!}$ を表す。

これらの S に関して,提携合理性の不等式を辺々加えると,

$$\sum_{S:|S|=s} \sum_{i \in S} x_i \geqq \binom{n}{s} v(S)$$

となる。i を含む $|S| = s$ なる S の個数は $\binom{n-1}{s-1}$ であるから,

$$\sum_{S:|S|=s} \sum_{i \in S} x_i = \sum_{i \in N} \sum_{S:|S|=s, S \ni i} x_i = \sum_{i \in N} \binom{n-1}{s-1} x_i = \binom{n-1}{s-1} v(N)$$

であるので,

$$\frac{(n-1)!}{(s-1)!(n-s)!} v(N) \geqq \frac{n!}{s!(n-s)!} v(S)$$

が得られる。この不等式から定理の条件が得られる。

例題 8.3

n 人の主体 i $(i = 1, 2, ..., n)$ がそれぞれ初期保有としてある資源を a_i 単位ずつ保有している。この社会において生産技術はただ一つであり，この資源 a 単位の投入により a^2 単位の利得が得られるものとする。彼らは協力してこの技術により生産を行うこともできるし，個々にこの技術により生産を行うこともできる。また，各個人は生産物のみから利得を得，資源からは直接利得が得られないものとする。この状況を特性関数形 n 人ゲームとして定式化し，そのゲームが凸ゲームとなることを示せ。

例題8.3の解

特性関数 v は，
$$v(S) = \left(\sum_{i \in S} a_i\right)^2 \quad \forall S \subseteq N$$
で与えられる。したがって，$i \in N$, $S \subseteq N \setminus \{i\}$ とすると，
$$v(S \cup \{i\}) - v(S) = \left(\sum_{j \in S} a_j + a_i\right)^2 - \left(\sum_{j \in S} a_j\right)^2 = (a_i)^2 + 2a_i\left(\sum_{j \in S} a_j\right)$$
であるから，$S \subseteq T \subseteq N \setminus \{i\}$ に対して，
$$(v(T \cup \{i\}) - v(T)) - (v(S \cup \{i\}) - v(S)) = 2a_i\left(\sum_{j \in T} a_j\right) - 2a_i\left(\sum_{j \in S} a_j\right)$$
$$= 2a_i\left(\sum_{j \in T \setminus S} a_j\right) \geqq 0$$
が成り立つ。したがって，定理 8.3 から (N, v) は凸ゲームである。

8.3　演習問題

演習問題 8.1（限界貢献度の逓増）

凸ゲーム (N,v) に対し，任意の $i \in N$ と，任意の $S \subset T \subseteq N \setminus \{i\}$ を満たす S,T に対し，
$$v(S \cup \{i\}) - v(S) \leqq v(T \cup \{i\}) - v(T)$$
が成り立つことを示せ．

【演習問題 8.1 の解】

$i \in N$ として，S,T を $S \subset T \subseteq N \setminus \{i\}$ を満たす任意の提携とする．このとき，$S \cup \{i\}$ と T に対して，v は凸ゲームであるので，
$$v(S \cup \{i\}) + v(T) \leqq v(S \cup \{i\} \cup T) + v((S \cup \{i\}) \cap T)$$
$$= v(T \cup \{i\}) + v(S)$$
が成り立つ．

▌演習問題 8.2 ▐

凸ゲーム (N, v) において，利得ベクトル $x = (x_1, x_2, ..., x_n)$ を次のように定義するとき，x がコアに属することを示せ。

$$x_1 = v(1), \quad x_2 = v(12) - v(1), \quad x_3 = v(123) - v(12),$$
$$..., \quad x_n = v(N) - v(\{1, 2, ..., n-1\})$$

【演習問題 8.2 の解】

任意の $S \subset N$ をとり，$N \setminus S = \{i_1, i_2, ..., i_k\}$ $(i_1 < i_2 < ... < i_k)$ とする。ゲーム v の凸性から

$$v(S) + v(\{1, 2, ..., i_1 - 1, i_1\}) \leqq v(S \cup \{i_1\}) + v(\{1, 2, ..., i_1 - 1\})$$

$x_{i_1} = v(\{1, 2, ..., i_1 - 1, i_1\}) - v(\{1, 2, ..., i_1 - 1\})$ より，$x_{i_1} \leqq v(S \cup \{i_1\}) - v(S)$ が成り立つ。$S' = S \cup \{i_1\}$ とすると，ゲームの凸性から

$$v(S') + v(\{1, 2, ..., i_1 - 1, i_1, i_1 + 1, ..., i_2 - 1, i_2\})$$
$$\leqq v(S' \cup \{i_2\}) + v(\{1, 2, ..., i_1 - 1, i_1, i_1 + 1, ..., i_2 - 1\})$$

が成り立つ。$x_{i_2} = v(\{1, 2, ..., i_2 - 1, i_2\}) - v(\{1, 2, ..., i_2 - 1\})$ より，$x_{i_2} \leqq v(S' \cup \{i_2\}) - v(S') = v(S \cup \{i_1, i_2\}) - v(S \cup \{i_1\})$ が成り立つ。同様に，不等式

$$x_{i_k} \leqq v(S \cup \{i_1, i_2, ..., i_{k-1}, i_k\}) - v(S \cup \{i_1, i_2, ..., i_{k-1}\})$$

が成り立つ。これらを辺々加えて，$\sum_{i \in N \setminus S} x_i \leqq v(N) - v(S)$ を得る。全体合理性より $\sum_{i \in S} x_i \geqq v(S)$ が成り立つ。

|||||||||| **演習問題 8.3** ||||||||||||||||||||||||||||||||||||||||||||||||||||||||||||||||||||||||||||||||

対称 n 人ゲーム (N,v) において，関数 $\hat{v}$ を $S \subseteq N$ に対し，

$$\hat{v}(|S|) = v(S)$$

と定義する。このとき，このゲームが凸ゲームであれば，条件

$$\hat{v}(1) \leqq \frac{\hat{v}(2)}{2} \leqq \frac{\hat{v}(3)}{3} \leqq \cdots \leqq \frac{\hat{v}(n)}{n}$$

が成り立つことを示せ。

|||||||||||||||||||||||||||||||||||||||||||||||||||||||||||||||||||||||||||||||||||||||||||||||||||||||

【演習問題 8.3 の解】

定理 8.3 の凸ゲームの性質から，$\hat{v}$ について，$0 \leqq s < t < n$ を満たす任意の s, t に対し，

$$\hat{v}(s+1) - \hat{v}(s) \leqq \hat{v}(t+1) - \hat{v}(t)$$

が成り立つ。とくに，$t = m$, $s = m-1$ とおくことにより，各 $m (1 \leqq m \leqq n-1)$ に対し，$2\hat{v}(m) - \hat{v}(m-1) \leqq \hat{v}(m+1)$ を得る。

このとき $\frac{\hat{v}(l)}{l} \leqq \frac{\hat{v}(l+1)}{l+1}$ ($l = 1, 2, ..., n-1$) を帰納法を用いて証明する。$l = 1$ のとき，上の不等式で $m = 1$ として，$\hat{v}(2) \geqq 2\hat{v}(1)$ を得る。$l = k-1$ ($k \geqq 2$) のとき成り立つと仮定し，$l = k$ のときの不等式を導く。$l = k-1$ のとき，$(k-1)\hat{v}(k) \geqq k\hat{v}(k-1)$ が成り立つと仮定しているので，上の m に関する不等式より

$$k\hat{v}(k+1) - (k+1)\hat{v}(k) \geqq k(2\hat{v}(k) - \hat{v}(k-1)) - (k+1)\hat{v}(k)$$
$$= 2k\hat{v}(k) - k\hat{v}(k-1) - (k+1)\hat{v}(k)$$
$$= (k-1)\hat{v}(k) - k\hat{v}(k-1) \geqq 0$$

が成り立つ。すなわち，$\frac{\hat{v}(k)}{k} \leqq \frac{\hat{v}(k+1)}{k+1}$ が成り立つ。

演習問題 8.4

市場ゲームにおいて，競争均衡配分がコアに属することを示せ。

【演習問題 8.4 の解】

競争均衡配分を $z = (z_1, z_2, \cdots, z_n)$ とし，それに対応する価格ベクトルを $p \in \mathbf{R}_+^m$，財ベクトルの組を $(x_i^*)_{i \in N}$ とする。任意の提携 S を固定し，この S に対し z が提携合理性 $\sum_{i \in S} z_i \geqq v(S)$ を満たすことを示してやればよい。財ベクトルの組 $(y_i)_{i \in S} = (y_i^1, y_i^2, \cdots, y_i^m)_{i \in S}$ が $v(S)$ を実現するとする。すなわち，

$$v(S) = \sum_{i \in S} u_i(y_i), \quad \sum_{i \in S} y_i = \sum_{i \in S} w_i$$

が成り立つ。このとき，z の定義より，$i \in S$ に対し，

$$z_i = u_i(x_i^*) - \sum_{k=1}^m p^k (x_i^{*k} - w_i^k) \geqq u_i(y_i) - \sum_{k=1}^m p^k (y_i^k - w_i^k)$$

よって，

$$\sum_{i \in S} z_i \geqq \sum_{i \in S} u_i(y_i) - \sum_{k=1}^m p^k \sum_{i \in S} (y_i^k - w_i^k) = v(S) - \sum_{k=1}^m p^k \sum_{i \in S} (y_i^k - w_i^k) = v(S)$$

となる。ここで，最後の等式は $\sum_{i \in S} y_i = \sum_{i \in S} w_i$ から得られる。

また，$(\bar{y}_i)_{i \in N} = (\bar{y}_i^1, \bar{y}_i^2, \cdots, \bar{y}_i^m)_{i \in N}$ を全体提携の提携値を実現する財ベクトルの組とすると，

$$v(N) = \sum_{i \in N} u_i(\bar{y}_i), \quad \sum_{i \in N} \bar{y}_i = \sum_{i \in N} w_i$$

が成り立つ。このとき，

$$\sum_{i \in N} z_i \geqq \sum_{i \in N} u_i(\bar{y}_i) - \sum_{k=1}^m p^k \left(\sum_{i \in N} \bar{y}_i^k - \sum_{i \in N} w_i^k \right) = \sum_{i \in N} u_i(\bar{y}_i) = v(N)$$

が成り立つ。一方，z, $v(N)$ の定義と，需給一致の条件から

$$\sum_{i \in N} z_i = \sum_{i \in N} u_i(x_i^*) - \sum_{k=1}^m p^k \left(\sum_{i \in N} x_i^{*k} - \sum_{i \in N} w_i^k \right) = \sum_{i \in N} u_i(x_i^*) \leqq v(N)$$

が成り立つので $\sum_{i \in N} z_i = v(N)$，すなわち全体合理性が成り立つ。

|||||||||| **演習問題 8.5*** （市場ゲームにおけるコアの存在）||||||||||

交換経済において効用関数が次の凹性と単調性を満たすとする．2つの財ベクトル $x = (x^1, x^2, \cdots, x^m)$ と $y = (y^1, y^2, \cdots, y^m)$ に対して

（凹性）任意の λ $(0 \leqq \lambda \leqq 1)$ に対し，
$$u_i(\lambda x + (1-\lambda)y) \geqq \lambda u_i(x) + (1-\lambda)u(y)$$

（単調性）$x \geqq y$ ならば $u_i(x) \geqq u_i(y)$[1] $\forall i \in N$

このとき，市場ゲームが平衡ゲームであることを示せ．

【演習問題 8.5 の解】

$\{S_1, S_2, ..., S_l\}$ を任意の平衡集合族とし，その任意の重みベクトルを $\gamma = (\gamma_1, \gamma_2, ..., \gamma_l)$ とする．

提携 S に対し，提携値 $v(S)$ を実現する財ベクトルの組を $(x_i^S)_{i \in S}$ とする．すなわち，
$$v(S) = \sum_{i \in S} u_i(x_i^S), \quad \sum_{i \in S} x_i^S = \sum_{i \in S} w_i$$

が成り立つ．このとき，効用関数 u_i の単調性，凹性と重みベクトル γ の定義から

$$\sum_{j=1}^{l} \gamma_j v(S_j) = \sum_{j=1}^{l} \gamma_j \sum_{i \in S_j} u_i(x_i^{S_j})$$
$$= \sum_{i \in N} \sum_{S_j \ni i} \gamma_j u_i(x_i^{S_j})$$
$$\leqq \sum_{i \in N} u_i \left(\sum_{S_j \ni i} \gamma_j x_i^{S_j} \right)$$

が成り立つ．このとき財ベクトル $y = (y_1, \cdots, y_m)$ を $y_i = \sum_{S_j \ni i} \gamma_j x_i^{S_j}$ にて定義すると，

---

[1] ベクトル x, y の大小関係を次のように定義する．
$$x \geqq y \iff x^k \geqq y^k \ \forall k$$
$$x > y \iff x^k > y^k \ \forall k$$

$$\sum_{i \in N} y_i = \sum_{i \in N} \sum_{S_j \ni i} \gamma_j x_i^{S_j} = \sum_{j=1}^{l} \gamma_j \sum_{i \in S_j} x_i^{S_j}$$

$$= \sum_{j=1}^{l} \gamma_j \sum_{i \in S_j} w_i = \sum_{i \in N} w_i \sum_{S_j \ni i} \gamma_j = \sum_{i \in N} w_i$$

となる。$v(N)$ の定義から，$\sum_{i \in N} u_i(y) \leqq v(N)$ となるので，

$$\sum_{j=1}^{l} \gamma_j v(S_j) \leq \sum_{i \in N} u_i \left(\sum_{S_j \ni i} \gamma_j x_i^{S_j} \right) = \sum_{i \in N} u_i(y) \leqq v(N)$$

が成り立つ。したがって平衡ゲームである。

8.4　練習問題

● 問題 8.1

ゲーム (N, v) に対し，$T \subset N$ とするとき

$$v'(S) = v(S) \quad \forall S \subseteq T$$

で与えられる特性関数 v' からなるゲーム (T, v') を部分ゲームという。

演習問題 8.5 の仮定の下で市場ゲームの任意の部分ゲームは平衡ゲームであることを示せ。任意の部分ゲームが平衡ゲームである提携形ゲームを全平衡ゲームという。

9

安定集合（vNM解）

　ゲーム理論の創始者であるフォン・ノイマンとモルゲンシュテルンが彼らの著書の中で最も紙数を割いて説明している提携形ゲームの解が安定集合である。彼らは著書の中でその解を単に「解」と呼んでいたので，vNM解（フォン・ノイマン＝モルゲンシュテルン解）と呼ばれることもある。彼らがコアではなく安定集合を考察した大きな理由の一つは，3人多数決ゲーム（3人定和ゲーム）にはコアが存在しないが，差別解，対称解など興味深い性質をもつ安定集合が常に存在するためと思われる。

　安定集合にはこのように差別解，対称解などいくつかの解が存在するが，これらの解の差異は，プレイヤーの社会的な行動パターン(慣習)の差異によって説明されている。3人ゲームには安定集合が常に存在し，全ての解が求められている。一方，安定集合が存在しない10人ゲームがあることも知られている。

　安定集合はコアほど経済学においては盛んに考察されてこなかったが，近年見直され，戦略形ゲームや社会的状況の安定性の分析などにもその概念が用いられている。

9.1 重要事項のまとめ

◆ **安定集合（vNM 解：フォン・ノイマン゠モルゲンシュテルン解）** その集合の配分の間には支配関係がなく，その集合の外部の配分は，ある内部の配分に支配されるような配分の集合を**安定集合**という。前者を**内部安定性**，後者を**外部安定性**とよぶ。

内部安定性：全ての $x, y \in K$ に対し，$x \text{ dom } y$ も $y \text{ dom } x$ も成り立たない。

外部安定性：全ての $y \in I \setminus K$ に対し，$x \text{ dom } y$ なる $x \in K$ が存在する。

K が安定集合 $\iff$ K は外部安定性と内部安定性を満たす。

重要な定理

定理 9.1

戦略的に同等な 2 つのゲーム $(N, v)(N, v')$ の安定集合は配分の間の変換
$$x'_i = \alpha x_i + \beta_i \quad i = 1, 2, ..., n$$
によって同型（一対一かつ全射）である。

定理 9.2

安定集合 K が空集合でないとき，K はコアを含む。

定理 9.3

3 人多数決ゲーム (N, v)
$N = \{A, B, C\}, \quad v(N) = v(AB) = v(AC) = v(BC) = 1,$
$v(A) = v(B) = v(C) = 0$
には安定集合が存在し，次の対称解 K_0 と差別解 K_A^c, K_B^c, K_C^c がある。これら以外に安定集合はない。

9 安定集合（vNM解）

対称解：
$$K_0 = \left\{\left(0, \frac{1}{2}, \frac{1}{2}\right), \left(\frac{1}{2}, 0, \frac{1}{2}\right), \left(\frac{1}{2}, \frac{1}{2}, 0\right)\right\}$$

対称解 K_0

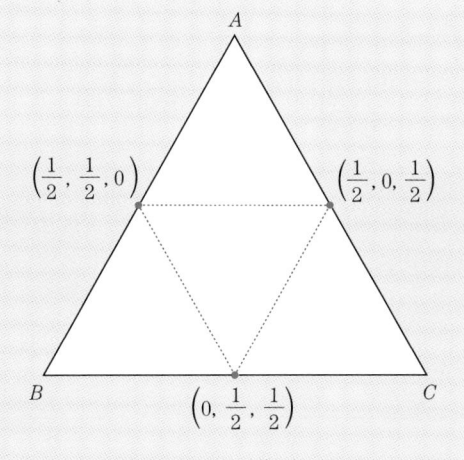

差別解：$0 \leqq c < \frac{1}{2}$ とするとき，

$$K_A^c = \{(x_A, x_B, x_C) = (c, x, 1-x-c) \,|\, 0 \leqq x \leqq 1-c\}$$
$$K_B^c = \{(x_A, x_B, x_C) = (1-x-c, c, x) \,|\, 0 \leqq x \leqq 1-c\}$$
$$K_C^c = \{(x_A, x_B, x_C) = (x, 1-x-c, c) \,|\, 0 \leqq x \leqq 1-c\}$$

差別解 K_A^c

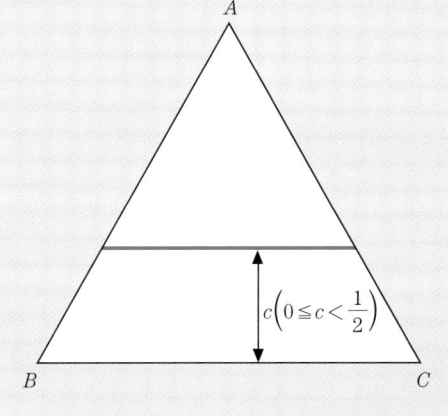

3人多数決ゲームの対称解と差別解

9.2 例　題

例題 9.1

3人のプレイヤーが1万円の分配を3人の多数決で決定することを考えている。2人以上の合意が得られれば、1万円の分配を自由に決定することができるので、これを提携形ゲームで表現すると

$$N = \{A, B, C\},\ v(N) = v(AB) = v(AC) = v(BC) = 1,$$
$$v(A) = v(B) = v(C) = 0$$

のようになる。このゲームにおいて定理9.3の K_0, K_A^c, K_B^c, K_C^c が安定集合であることを示せ。

例題 9.1 の解

始めに $K_0 = \left\{\left(0, \frac{1}{2}, \frac{1}{2}\right), \left(\frac{1}{2}, 0, \frac{1}{2}\right), \left(\frac{1}{2}, \frac{1}{2}, 0\right)\right\}$ を考えよう。配分 $\left(0, \frac{1}{2}, \frac{1}{2}\right)$ が支配する配分の集合は $\frac{1}{2} + \frac{1}{2} \leqq v(BC)$ に注意すると、

$$\left\{(x_A, x_B, x_C) \in I \mid x_B < \frac{1}{2},\ x_C < \frac{1}{2}\right\}$$

である。ここで、I は配分集合である。同様に配分 $\left(\frac{1}{2}, 0, \frac{1}{2}\right)$ が支配する配分の集合は

$$\left\{(x_A, x_B, x_C) \in I \mid x_A < \frac{1}{2},\ x_C < \frac{1}{2}\right\}$$

であり、配分 $\left(\frac{1}{2}, \frac{1}{2}, 0\right)$ が支配する配分の集合は

$$\left\{(x_A, x_B, x_C) \in I \mid x_A < \frac{1}{2},\ x_B < \frac{1}{2}\right\}$$

である。これらの集合の結び（和集合）は $I \setminus K_0$ となるから、外部安定性が成り立つ。

配分間で支配関係があるのは2人提携に限ることに注意する。K_0 に属するどの2点を比べても、少なくとも1人のプレイヤーは利得が同じなので、互いに支配することはない。したがって、内部安定性が成り立つ。

続いて，$0 \leqq c < \frac{1}{2}$ とするとき，

$$K_A^c = \{(x_A, x_B, x_C) = (c, x, 1-x-c) \mid 0 \leqq x \leqq 1-c\}$$

を考えよう。この集合に属さない任意の配分を考える。まず，配分 $(a, x, 1-x-a)$（ここで $a > c$）を考えよう。そのとき，

$$z_A = c, \quad z_B = x + \frac{a-c}{2}, \quad z_C = 1-x-a+\frac{a-c}{2}$$

とすると，z は K_A^c に属する配分となり，配分 $(a, x, 1-x-a)$（ただし $a > c$）を支配する。

次に配分 $(a, x, 1-x-a)$（ここで $a < c$）を考える。このとき，$x \leqq 1-x-a$ または $x \geqq 1-x-a$ が成り立つので，前者が成り立つとする。$a < c$ であるから，$x \leqq \frac{1-a}{2} \leqq \frac{1}{2}$ が成り立つ。このとき，K_A^c に属する配分 $z_A = c, z_B = 1-c, z_C = 0$ を考えると，$z_A + z_B = 1, z_A = c > a, z_B = 1-c > \frac{1}{2} \geqq x$ であるから，z は $(a, x, 1-x-a)$（ただし $a < c$）を支配する。$x \geqq 1-x-a$ が成り立つときは，z として，$z_A = c, z_B = 0, z_C = 1-c$ を考えれば良い。

いずれのケースも K_A^c に属さない配分は K_A^c に属する配分に支配されるので，外部安定性が成り立つ。

K_A^c に属するどの2点も，A の利得は変わりなく，互いに支配することはない。したがって，内部安定性が成り立つ。よってこの集合も安定集合である。同様に K_B^c, K_C^c も安定集合であることがわかる。

この3人多数決ゲームではコアが存在しない。したがって，コアの意味では安定な分配は存在しないが，安定集合の意味では種々の分配案が安定となる。

—— 例題 9.2 ——————————————————————
定理 9.2 を証明せよ。

例題 9.2 の解

x をコアに属し安定集合に属さない配分とする。安定集合が存在するので，外部安定性から，ある安定集合に属する配分が存在して x を支配する。これはコアの定義に矛盾する。したがって，コアに属し安定集合に属さない配分は存在しない。すなわち，コアは安定集合に含まれる。

―― 例題 9.3 ――――――――――――――――――――――――――

例題 9.1 と同様に 1 万円を分配する問題でプレイヤー A が拒否権をもち，2 人以上の賛成に加えて，A の合意がないと 1 万円を得ることができないものとする。このとき，提携 BC は何も得ることができない。この状況は以下のような 3 人ゲーム

$$N = \{A, B, C\}, \ v(N) = v(AB) = v(AC) = 1,$$
$$v(BC) = v(A) = v(B) = v(C) = 0$$

で表現することができる。このゲームは A が拒否権をもつ拒否権ゲームとよばれている。このゲームの全ての安定集合を求めよ。

―――――――――――――――――――――――――――――

例題 9.3 の解

この問題で，可能な支配関係の条件を考えると，$v(BC) = 0$ より提携 $\{B, C\}$ を通じて支配することはできないので，x が支配するのは $\{A, B\}$，$\{A, C\}$ の 2 つの提携だけであることに注意する。このゲームにはただ 1 点のコア $(1, 0, 0)$ が存在するので，定理 9.2 より安定集合はこの点を含まなければならない。図 9.1 の点 $A(1, 0, 0)$ だけでは他の配分を支配することができないので，点 A から辺 BC に向けて任意の短い線分 AD を引いてみよう。このとき，いかなる線分を引いても，その線分上の点は互いに支配関係をも

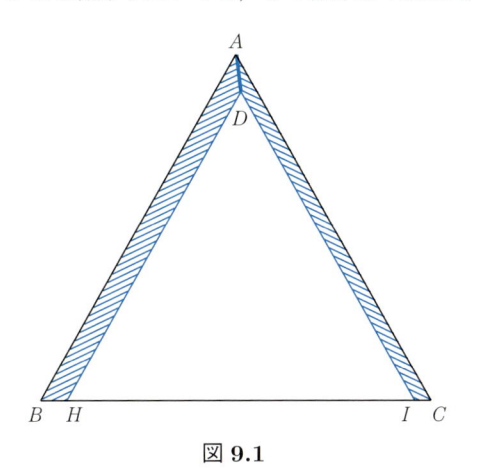

図 9.1

たない．すなわち内部安定性を満たす．一方，その線分上の点が支配する配分の集合は図 9.1 の斜線部のようになる．なぜなら，斜線部の任意の右側の配分に対し，必ず A, B ともに利得が大きくなる AD 上の配分が存在する．また，斜線部の任意の左側の配分に対し，必ず A, C ともに利得が大きくなる AD 上の配分が存在する．線分の終端点 D から，さらに任意の方向に短い線分を引いてみよう．この新たな線分上の任意の点の間で互いに支配関係をもたないためには線分が点 D を頂点とする図 9.1 の正三角形 DHI の内部（境界も含む）になければならない．

この議論を続けていき，点 A から底辺 BC に向かう折れ線が底辺に達したとき，この連続した折れ線上の点の集合は内部安定性と外部安定性を満たすことがわかる．すなわちこの集合が安定集合である．さらに，折れ線の各直線部分を限りなく短くしていくと，曲線を得ることができる．その曲線を示したのが図 9.2 であり，これも安定集合となる．これらの折れ線あるいは曲線は連続している必要がある．なぜなら，途中部分を除くと支配できない配分が現れ，外部安定性が満たされないからである．安定集合はこのようにして求められるタイプしかない．なお，この曲線は交渉曲線とよばれている．

この例題から，コアでは拒否権をもつプレイヤー A が利得 1 を独り占めする状況のみが安定な解として表現されるが，安定集合では B と C が協力して交渉のパワーを発揮し，A から利得分配の譲歩を引き出すことに成功する状況を表現することができる．

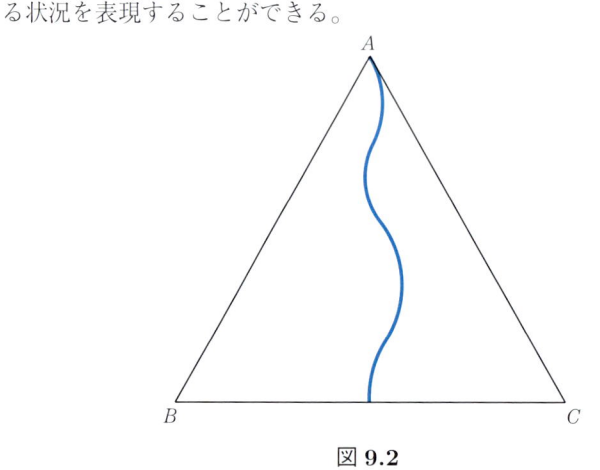

図 9.2

9.3 演習問題

■■■■■ 演習問題 9.1 ■■■■■

3人ゲーム
$$N = \{A, B, C\}, \ v(N) = v(AB) = 10, \ v(AC) = 7,$$
$$v(BC) = v(A) = v(B) = v(C) = 0$$

の全ての安定集合を求めよ。

【演習問題 9.1 の解】

このゲームのコアは，$C(v) = \{x \in I \mid x_A = 10 - b, \ x_B = b, \ x_C = 0, \ 0 \leqq b \leqq 3\}$ であるので，これを図示するとすると図 9.3 の太線部分 AE となる。安定集合はこのコアを含まなければならない。安定集合の内部安定性より，安定集合は領域 $AEFC$ の内部を含むことはない。したがって安定集合は三角形 EBF の内部（境界含む）に延長される。外部安定性を考慮し，例題 9.3 の 3 人拒否権ゲームと同様の考察を行うと，交渉曲線に相当する部分が表れる。それが図 9.3 に図示されている。これは多くの安定集合の一つであるが，このタイプの安定集合しかない。

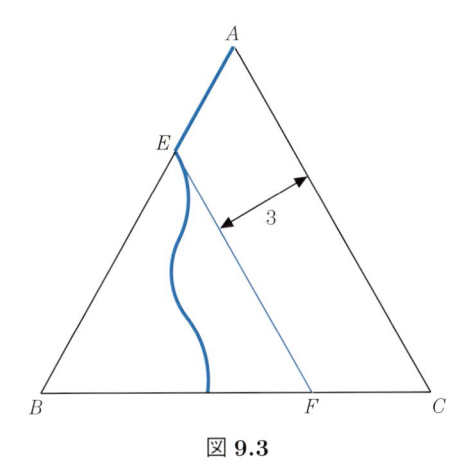

図 9.3

演習問題 9.2

3人ゲーム
$$N = \{A, B, C\}, \quad v(N) = v(AB) = v(AC) = 10,$$
$$v(BC) = v(A) = v(B) = v(C) = 0$$

において,
$$K = \{(x_A, x_B, x_C) \,|\, x_B = x_C = 5 - \frac{x_A}{2}, \, 0 \leqq x_A \leqq 10\}$$

は一つの安定集合であることを示せ.

【演習問題 9.2 の解】

内部安定性をチェックするために配分 $x = (x_A, x_B, x_C) \in K$ を支配する配分 $y = (y_A, y_B, y_C) \in K$ が存在すると仮定する. このとき, 提携 $\{A, B\}$ か $\{A, C\}$ を通じてのみ y は x を支配することが可能であるので, 例えば $\{A, B\}$ を通じて支配すると仮定しよう. すると $y_A > x_A$, $y_B > x_B$ および, 集合 K 内では $x_B = x_C$, $y_B = y_C$ であるから, $y_A + y_B + y_C > x_A + x_B + x_C = 10$ となり矛盾である. $\{A, C\}$ を通じて支配すると仮定しても同様であるから, 内部安定性が証明される.

外部安定性をチェックするために $z_A + z_B + z_C = 10$ を満たし, K に属さない配分 $z = (z_A, z_B, z_C)$ を考えよう. このとき, $z_B \neq z_C$ である. まず $z_B < z_C$ と仮定しよう. そうすると, $k = z_C - z_B$ とするとき, $x_A = z_A + \frac{k}{3}$, $x_B = z_B + \frac{k}{3}$, $x_C = z_C - \frac{2k}{3}$ とすれば, $x = (x_A, x_B, x_C)$ は K に属する配分となり, 提携 $\{A, B\}$ を通じて配分 z を支配している. したがって, 集合 K の外部安定性が成り立つ. $z_B > z_C$ のときも同様である.

9 安定集合(vNM解)

|||||||||| **演習問題 9.3** ||||||||||||||||||||||||||||||||||||||||||||||||||||||||||||

定理 9.1 を証明せよ。

||||||||||||||||||||||||||||||||||||||||||||||||||||||||||||||||||||||||||||||||||||

【演習問題 9.3 の解】

ゲーム (N, v), (N, v') を戦略的に同等なゲームとし,それぞれのゲームにおける 2 つの配分の間の支配関係が保存されることを示す。I, I' をそれぞれのゲームの配分の集合とし,$x, y \in I$, $x', y' \in I'$ が下の関係を満たすとする。

$$x'_i = \alpha x_i + \beta_i \quad y'_i = \alpha y_i + \beta_i \quad i = 1, 2, ..., n$$

このとき $x' \text{dom}_S y' \Longrightarrow x \text{dom}_S y$ を示す。まず,全ての $i \in S$ に対し,$x'_i > y'_i$ より $\alpha x_i + \beta_i > \alpha y_i + \beta_i$ が成り立つから $x_i > y_i$ が成り立つ。逆の関係も成り立つ。

さらに,$\sum_{i \in S} x'_i \leqq v'(S)$ より $\sum_{i \in S} \alpha x_i + \sum_{i \in S} \beta_i \leqq \alpha v(S) + \sum_{i \in S} \beta_i$ が導かれる。$\alpha > 0$ であるから $\sum_{i \in S} x_i \leqq v(S)$ が得られる。逆の関係も成り立つ。

以上から,支配関係で定義される全ての解は戦略的に同等なゲームの間で同型であることがわかる。したがって,これは,定理 7.1 の証明にもなっている。

9.4　練習問題

● 問題 9.1

　　3人凸ゲームのコアが安定集合であることを示せ。

● 問題 9.2

　　コアが安定集合であるとき，他の安定集合がないことを示せ。

10

交渉集合，
カーネルと仁

　コアや安定集合は配分の間の支配関係に基づいて定義されるが，この章では支配関係とは異なる基準で定義される一連の解概念である交渉集合，カーネル，仁を提示する。これらは，それぞれ，オーマンとマシュラー，デービスとマシュラー，シュマイドラーが提案した解である。

　それぞれの解は全てのゲームに対して存在し，交渉集合がカーネルを含み，カーネルが仁を含むというきれいな包含関係をもつ。特に，仁は常にただ一つの解を与え，コアが存在すればコアに含まれるのでコアの中の配分を1点に絞るものとしても役に立つ。したがって，種々の興味深いゲームに応用されている。本来，これらの解は提携構造のあるゲームに対して定義されているが，ここでは全体提携のもとでの解のみを扱っている。

　これらの解概念のうち，カーネルと仁は提携値と総利得の差に基づく提携の不満や最大不満の値を利用して定義されているので，別払いのないゲーム（NTUゲーム）への拡張は簡単ではない。

10.1　重要事項のまとめ

◆ **交渉集合**　全ての異議に対して，逆異議が存在する配分の集合を交渉集合という。ここで，プレイヤー k の l に対する配分 x における異議とはプレイヤー k が，自分を含み l を含まないある提携 P によって実現可能で，全ての P のメンバーの利得が厳密に大きくなる利得ベクトル y を l に主張することである。それに対する l の逆異議とは l を含み k を含まないある提携 Q によって実現可能で Q のメンバーの利得が配分 x における利得以上であり，P と Q に属するメンバーの利得は y における利得以上を与えるベクトル z を k に主張することである。

異議：$x \in I$ とする。プレイヤー k のプレイヤー l $(k \neq l)$ に対する x における異議とは次の条件を満たす利得ベクトルと集合のペア (y, P)（ただし $y \in \bm{R}^{|P|}$, $P \ni k$, $P \not\ni l$）である。

$$\sum_{i \in P} y_i \leqq v(P),\ y_k > x_k,\ 全ての i \in P に対して y_i \geqq x_i$$

逆異議：$x \in I$ とし，(y, P) をプレイヤー k のプレイヤー l $(k \neq l)$ に対する x における異議とする。(y, P) に対する l の逆異議は次の条件を満たす利得ベクトルと集合のペア (z, Q)（ただし $z \in \bm{R}^{|Q|}$, $Q \ni l$, $Q \not\ni k$）である。

$$\sum_{i \in Q} z_i \leqq v(Q)$$

全ての $i \in Q$ に対して　$z_i \geqq x_i$

全ての $i \in P \cap Q$ に対して　$z_i \geqq y_i$

交渉集合：$\mathcal{M} = \{x \in I |$ 全ての k の $l (k \neq l)$ に対する x における異議 (y, P) に対し，l の逆異議 (z, Q) が存在する。$\}$

◆ **不　満**　提携値から配分の与える利得の和を引いた値を不満とよぶ。提携にとって，本来獲得可能な利得からどの程度，獲得利得が少ないかを表しているので，提携を形成したときの提携にとっての不満の量と解釈することが

できる．全ての不満がゼロ以下であるような配分の集合はコアに一致する．

不満：$x \in I$, $S \subseteq N$ に対する不満 $e(S,x)$

$$e(S,x) = v(S) - \sum_{i \in S} x_i$$

$$x \in C \iff x \in I,\ e(S,x) \leqq 0\ \ \forall S \subset N$$

◆ 準カーネルとカーネル　　どの 2 人ペア i,j に対してもプレイヤー i の j に対する最大不満とプレイヤー j の i に対する最大不満が均衡するような準配分の集合を準カーネルという．準カーネルが配分となるように，たとえ i の j に対する最大不満が j の i に対する最大不満より少なくとも $v(\{i\}) = x_i$ の場合にはこれ以上譲歩できないのでその場合も最大不満が均衡したと考える．このように修正した解をカーネルとよぶ．

準配分：$I^* = \{x \in \mathbf{R}^n | \sum_{i \in N} x_i = v(N)\}$

i の j に対する最大不満：$s_{ij}(x) = \max_{S \ni i, S \not\ni j} e(S,x)$

準カーネル：$\mathcal{K}^* = \{x \in I^* |$ 全ての $i,j(i \neq j)$ に対して，$s_{ij}(x) = s_{ji}(x)\}$

カーネル：$\mathcal{K} = \{x \in I |$ 全ての $i,j(i \neq j)$ に対して，

$$(s_{ij}(x) - s_{ji}(x))(v(\{i\}) - x_i) \leqq 0\}$$

◆ 仁　　配分の集合の中で最大の不満を最小化し，最大の不満が最小化された場合は 2 番目に大きい不満を最小化し，というプロセスで到達した配分の集合を仁という．準配分の中で求めた場合，準仁とよばれている．

不満ベクトル：$\Theta(x) = (e(S_1,x), e(S_2,x), \cdots, e(S_{2^n-2},x))$ ここで，$e(S_1,x) \geqq e(S_2,x) \geqq \cdots \geqq e(S_{2^n-2},x)$,　$S_k \neq \phi$,　$S_k \subset N$

辞書式順序：$x >_L y \iff x_1 = y_1,\ x_2 = y_2,\ \cdots,\ x_{k-1} = y_{k-1},\ x_k > y_k$ を満たす k が存在する（2 つのベクトルの第 1 成分から第 $k-1$ 成分まで等しく，第 k 成分で初めて厳密な不等号が成り立つ）．

$x \leqq_L y \iff x >_L y$ が成り立たない．

準仁：$\mathcal{N}^* = \{x \in I^* |$ 全ての $y \in I^*$ に対して　$\Theta(x) \leqq_L \Theta(y)\}$

仁：$\mathcal{N} = \{x \in I |$ 全ての $y \in I$ に対して　$\Theta(x) \leqq_L \Theta(y)\}$

◆ ε コア,最小コア　全ての提携に対して,不満が ε 以下であるような準配分の集合は ε コア(イプシロンコア)と呼ばれる。これは,各提携の形成に ε のコストが課されたとき,または補助がなされたときのゲームのコアと考えられる。$\varepsilon \leqq 0$ のときは,ε コアはコアに含まれ,すなわち配分集合に含まれる。全ての非空の ε コアの共通部分を最小コアとよぶ。コアが存在すれば最小コアは配分集合に含まれる。

ε コア:$\varepsilon \in \mathbf{R}$ をとる。

$$C_\varepsilon = \{x \in I^* \mid e(S, x) \leqq \varepsilon \quad \forall S \subset N\}$$

最小コア:

$$LC = \bigcap_{C_\varepsilon \neq \phi} C_\varepsilon = C_{\varepsilon_0}$$

ここで,$\varepsilon_0 = \min_{x \in I^*} \max_{S \subset N, S \neq \phi} e(S, x)$ である。

重要な定理

定理 10.1
交渉集合,カーネル,準カーネル,仁,最小コアは戦略的同等なゲームに対して同型(配分間の変換によって一対一かつ全射)である。

定理 10.2
優加法性を満たすゲームでは,準カーネルとカーネルは一致する。さらに,準仁は仁と一致する。

定理 10.3
交渉集合はコア,カーネルを含む。カーネルは仁を含む。

定理 10.4
準仁は全ての非空な ε コア,特に最小コアに含まれる。

10 交渉集合，カーネルと仁

定理 10.5

仁は常に存在して，ただ一つの配分からなる集合である（したがって定理10.3よりカーネル，交渉集合も常に存在する）。

定理 10.6

3人ゲームにおいてカーネルは1点になる（したがって仁と一致する）。

定理 10.7

優加法性を満たすゲーム (N,v) において次の多段階ステップを考える。ここで $\mathcal{P} = \{S \mid S \subset N, \, S \neq \phi\}$ とする。

(1) このゲームの最小コア $LC = C_{\varepsilon_0}$ を考え，$LX_0 = LC$ とする。さらに，$\mathcal{Q}_0 = \{S \in \mathcal{P} \mid e(S,x) = \varepsilon_0\}$ とおく。

(2) LX_0 に関し，最小コアを求めるのと同様に，次の不等式を満たす配分の集合 X_1^ε を求める。

$$X_1^\varepsilon = \{x \in LX_0 \mid \text{全ての } S \in \mathcal{P} \backslash \mathcal{Q}_0 \text{に対して}, e(S,x) \leqq \varepsilon\}$$

さらに，それらの非空な共通部分を LX_1 とする。すなわち，$\varepsilon_1 = \min_{x \in LX_0} \max_{S \in \mathcal{P} \backslash \mathcal{Q}_0} e(S,x)$ とするとき，

$$LX_1 = \bigcap_{X_1^\varepsilon \neq \phi} X_1^\varepsilon = X_1^{\varepsilon_1}$$

である。同時に，$\mathcal{Q}_1 = \{S \in \mathcal{P} \backslash \mathcal{Q}_0 \mid e(S,x) = \varepsilon_1\}$ とおく。

(3) (2) と同様に LX_1 に関し，

$$X_2^\varepsilon = \{x \in LX_1 \mid \text{全ての } S \in \mathcal{P} \backslash \mathcal{Q}_1 \text{に対して}, e(S,x) \leqq \varepsilon\}$$

さらに，$\varepsilon_2 = \min_{x \in LX_1} \max_{S \in \mathcal{P} \backslash \mathcal{Q}_1} e(S,x)$ とするとき，

$$LX_2 = \bigcap_{X_2^\varepsilon \neq \phi} X_2^\varepsilon = X_2^{\varepsilon_2}$$

とする。同時に，$\mathcal{Q}_2 = \{S \in \mathcal{P} \backslash \mathcal{Q}_1 \mid e(S,x) = \varepsilon_2\}$ とおく。以下このステップを続けていくと，最終的には LX_k は1点集合になる。それがこのゲームの仁と一致する。

10.2　例　題

例題 10.1

優加法性を満たすゲームにおいて交渉集合がコアを含むことを示せ。

例題10.1の解

コアに属する配分 x において, 異議 (y, P) が存在しない。なぜなら, k が l $(k \neq l)$ に対して異議 (y, P) をもつとすると,

$$\sum_{i \in P} y_i \leqq v(P),\ y_k > x_k,\ \text{全ての } i \in P \text{ に対して } y_i \geqq x_i$$

が成り立つ。$\delta = \sum_{i \in P} y_i - \sum_{i \in P} x_i > 0$ とし, 全ての $i \in P$ に対し $z_i = x_i + \frac{\delta}{|P|}$, $i \notin P$ に対し $z_i = \frac{v(N) - v(P) - \sum_{j \notin P} v(\{j\})}{|N \setminus P|} + v(\{i\})$ とすると, z は配分となり, P を通して x を支配することになるから矛盾である。よって, x には異議が存在しないので交渉集合に属する。

例題 10.2

A, B, C をプレイヤーとする以下の3人ゲーム

$$v(ABC) = 16, \ v(AB) = 8, \ v(AC) = 6, \ v(BC) = 4,$$
$$v(A) = 0, \ v(B) = 0, \ v(C) = 0$$

の最小コアと仁，カーネルを求めよ．

例題10.2の解

ε コアを求める．任意の提携の不満が ε 以下なので，利得ベクトルを $x = (x_A, x_B, x_C)$ とすれば，

$$0 - x_A \leqq \varepsilon \tag{1}$$
$$0 - x_B \leqq \varepsilon \tag{2}$$
$$0 - x_C \leqq \varepsilon \tag{3}$$
$$8 - x_A - x_B \leqq \varepsilon \tag{4}$$
$$6 - x_A - x_C \leqq \varepsilon \tag{5}$$
$$4 - x_B - x_C \leqq \varepsilon \tag{6}$$
$$x_A + x_B + x_C = 16 \tag{7}$$

(7) を (4),(5),(6) に代入すれば，

$$8 + x_C - 16 \leqq \varepsilon \tag{8}$$
$$6 + x_B - 16 \leqq \varepsilon \tag{9}$$
$$4 + x_A - 16 \leqq \varepsilon \tag{10}$$

を得る．これらを (1),(2),(3) と合わせると，

$$-\varepsilon \leqq x_A \leqq 12 + \varepsilon \tag{11}$$
$$-\varepsilon \leqq x_B \leqq 10 + \varepsilon \tag{12}$$
$$-\varepsilon \leqq x_C \leqq 8 + \varepsilon \tag{13}$$

(11),(12),(13) はそれぞれ，$\varepsilon \geqq -6, -5, -4$ を意味するので，これらを同時に満たす最小の ε は -4 であることがわかる．$\varepsilon = -4$ を (11),(12),(13) に代入すると，

$$4 \leqq x_A \leqq 8$$
$$4 \leqq x_B \leqq 6$$
$$x_C = 4$$

となり，(7) より $x_A + x_B = 12$ であるので，最小コア LC は，

$$LC = \{\,(12-t, t, 4) \mid 4 \leqq t \leqq 6\,\}$$

となる。

　$\varepsilon = -4$ において等号が成立したのは (3),(4) 式である。それゆえこれらを除いて再び最小コアを求めると，$\varepsilon = -5$ となることがわかる。このとき (12),(7) 式より $x_B = 5$, $x_A = 7$ と求まり，これが仁である。よって仁は $\{(7,5,4)\}$ である。3 人ゲームではカーネルと仁が一致するので，カーネルも $\{(7,5,4)\}$ である。

―― 例題 10.3 ――

次の3人ゲーム
$$N = \{A, B, C\}, \ v(N) = v(AB) = v(AC) = 10,$$
$$v(BC) = v(A) = v(B) = v(C) = 0$$
の最小コアと仁を求めよ。さらに，カーネル，交渉集合を求めよ。

例題10.3の解

コアを求めると1点 $\{(10,0,0)\}$ であるから，最小コアと仁は一致し，ともに $\{(10,0,0)\}$ となる。定理10.6よりこれはカーネルに一致する。

交渉集合も1点 $\{(10,0,0)\}$ であることを示そう。$(10,0,0)$ とは異なる任意の配分を $x = (x_A, x_B, x_C)$ とする。このとき $x_A < 10$ である。さらに一般性を失わずに $x_B \geq x_C$ とすると $x_B > 0$ が成り立つ（$x_B = 0$ とすると $x_C = 0$, $x_A = 10$ となって矛盾）。そこで $\varepsilon = 10 - x_A - x_C = x_B > 0$ とし，$y_A = x_A + \frac{\varepsilon}{2}$, $y_C = x_C + \frac{\varepsilon}{2}$ とすると $y_A + y_C = x_A + x_C + \varepsilon = 10$ であるから $(y, \{A, C\})$ は A の B に対する x における異議となる。この異議に対し B の逆異議は存在しない。なぜなら $(z, \{B, C\})$ を逆異議とすると $z_B \geq x_B$, $z_C \geq y_C > x_C$ であるから $z_B + z_C > 0$ となり，$z_B + z_C \leq v(BC)$ に矛盾する。したがって x は交渉集合に属さない。

交渉集合が1点 $\{(10,0,0)\}$ であることから，定理10.3，定理10.5より仁，カーネルも $\{(10,0,0)\}$ であることを示すこともできる。

> **例題 10.4**
>
> 次の 3 人ゲーム
> $$N = \{A, B, C\}, \quad v(N) = v(AB) = 10, \quad v(AC) = 7,$$
> $$v(BC) = v(A) = v(B) = v(C) = 0$$
> の最小コアと仁, カーネル, 交渉集合を求めよ.

例題 10.4 の解

コア C は $\{(t, 10-t, 0) \mid 7 \leqq t \leqq 10\}$ となり, どのような ε コア $(\varepsilon < 0)$ も空集合になる. したがって, コアは最小コアと一致し,
$$LC = \{(t, 10-t, 0) \mid 7 \leqq t \leqq 10\}$$
となる. 仁は最小コアを表す線分の中点 $\left\{\left(\frac{17}{2}, \frac{3}{2}, 0\right)\right\}$ となる. さらにこの点は定理 10.6 よりカーネルである.

交渉集合がコア C と一致することを示そう. 交渉集合はコアを含むので $x \notin C$ が交渉集合に属さないことを示す.

(1) $x_C > 0$ のとき

$\varepsilon = 10 - x_A - x_B$ とすれば $\varepsilon > 0$ である. $y_A = x_A + \frac{\varepsilon}{2}$, $y_B = x_B + \frac{\varepsilon}{2}$ とすると $y_A + y_B = x_A + x_B + \varepsilon = 10$ であるから $(y, \{A, B\})$ は A の C に対する x における異議となる. この異議に対し C の逆異議 $(z, \{B, C\})$ が存在するとすると $z_B \geqq y_B = x_B + \frac{\varepsilon}{2}$, $z_C \geqq x_C$ より $z_B + z_C > x_B + x_C = 10 - x_A \geqq 0$ となる. これは $z_B + z_C \leqq v(BC)$ に矛盾する. したがって x は交渉集合に属さない.

(2) $x_C = 0$ のとき

$x \notin C$ より $3 < x_B \leqq 10$ となる. $\varepsilon = x_B - 3 > 0$ とし, $y_A = x_A + \frac{\varepsilon}{2}$, $y_C = x_C + \frac{\varepsilon}{2} = \frac{\varepsilon}{2}$ とすると, $y_A + y_C = x_A + x_C + \varepsilon = 7$ であるから $(y, \{A, C\})$ は C の B に対する x における異議となる. この異議に対し B の逆異議 $(z, \{A, B\})$ が存在するとすると, $z_A \geqq y_A > x_A$, $z_B \geqq x_B$ より $z_A + z_B > x_A + x_B = 10 - x_C = 10$ となる. これは $z_A + z_B \leqq v(AB)$ に矛盾する. したがって x は交渉集合に属さない.

10.3　演習問題

▌▌▌▌▌▌▌▌▌ **演習問題10.1** ▌▌

3人多数決ゲーム

$$N = \{A, B, C\},\ v(N) = v(AB) = v(AC) = v(BC) = 1,$$
$$v(A) = v(B) = v(C) = 0$$

の最小コアと仁，カーネル，交渉集合を求めよ．

▌▌

【演習問題10.1の解】

$\varepsilon = \frac{1}{3}$ のときの，ε コアは1点 $\left\{\left(\frac{1}{3}, \frac{1}{3}, \frac{1}{3}\right)\right\}$ となる．したがって，この点が最小コアかつ仁かつカーネルとなる．

交渉集合もこの点 $\left(\frac{1}{3}, \frac{1}{3}, \frac{1}{3}\right)$ となることを示そう．$x = \left(\frac{1}{3}, \frac{1}{3}, \frac{1}{3}\right)$ とする．まず，任意の異議を考える．利得が対称であるから A の B に対する x における異議を考えれば十分である．3人ゲームでは異議を構成する提携は2人提携しかないのでその任意の異議を $(y, \{A, C\})$ とする．このとき $y_A > \frac{1}{3}$, $y_C \geqq \frac{1}{3}$, $y_A + y_C \leqq 1$ が成り立つ．この異議に対し $(z, \{B, C\})$ を $z_B = 1 - y_C$, $z_C = y_C$ ととると，$z_B + z_C = 1$ となり $z_B = 1 - y_C \geqq y_A > \frac{1}{3} = x_B$ であるから $(y, \{A, C\})$ に対する逆異議となる．したがって x は交渉集合に属する．

一方任意の $x' \neq \left(\frac{1}{3}, \frac{1}{3}, \frac{1}{3}\right)$ をとる．$x'_A \geqq x'_B \geqq x'_C$ と仮定しても一般性を失わない．$x' \neq \left(\frac{1}{3}, \frac{1}{3}, \frac{1}{3}\right)$ より $x'_A > x'_C$ に注意する．このとき $0 < \delta < \frac{x'_A - x'_C}{2}$ となる数 δ をとる．ここで，$y_C = x'_C + \delta$, $y_B = 1 - x'_C - \delta$ とすると $y_C > x'_C$, $y_B = 1 - x'_C - \delta = x'_A + x'_B - \delta > 2\delta + x'_C + x'_B - \delta = x'_B + x'_C + \delta > x'_B$, $y_B + y_C = 1$ が成り立つので $(y, \{B, C\})$ は C の A に対する異議になる．この異議には逆異議が存在しない．なぜなら $(z, \{A, B\})$ を逆異議とすると $z_A \geqq x'_A$, $z_B \geqq 1 - x'_C - \delta$ となり $z_A + z_B \geqq 1 + x'_A - x'_C - \delta > 1 + 2\delta - \delta = 1 + \delta > 1$ となり $z_A + z_B \leqq 1$ に矛盾するからである．したがって x' は交渉集合に属さない．以上により交渉集合が $\left\{\left(\frac{1}{3}, \frac{1}{3}, \frac{1}{3}\right)\right\}$ であることがわかる．

演習問題10.2

次の4人ゲームのカーネルと仁を求めよ。

$N = \{A, B, C, D\}$　$v(N) = v(ABC) = v(ABD) = v(ACD) = v(BCD) = 1$,
$v(AB) = v(AC) = 1$, $v(AD) = v(BC) = v(BD) = v(CD) = 0$
$v(A) = v(B) = v(C) = v(D) = 0$

【演習問題10.2の解】

このゲームは優加法性を満たすのでカーネルと準カーネルが一致するので，準カーネルを求める。$x = (x_A, x_B, x_C, x_D)$ を準カーネルに属する配分とする。$1 \geqq x_A, x_B, x_C, x_D \geqq 0$ に注意すると，

$$\begin{aligned} s_{AB}(x) &= \max_{S \ni A, S \not\ni B} e(S, x) \\ &= \max\{v(ACD) - x_A - x_C - x_D,\ v(AC) - x_A - x_C, \\ &\quad v(AD) - x_A - x_D,\ v(A) - x_A\} \\ &= \max\{1 - x_A - x_C - x_D,\ 1 - x_A - x_C,\ 0 - x_A - x_D,\ -x_A\} \\ &= 1 - x_A - x_C \end{aligned}$$

となる。同様に

$$\begin{aligned} s_{BA}(x) &= \max_{S \ni B, S \not\ni A} e(S, x) \\ &= \max\{1 - x_B - x_C - x_D,\ 0 - x_B - x_C,\ 0 - x_B - x_D,\ -x_B\} \\ &= 1 - x_B - x_C - x_D \end{aligned}$$

となる。よって準カーネルの条件 $s_{AB}(x) = s_{BA}(x)$ より $1 - x_A - x_C = 1 - x_B - x_C - x_D$，すなわち，$x_A = x_B + x_D$ となる。同様な計算から，$s_{BC}(x) = s_{CB}(x)$ より $x_B = x_C$ を得る。また，$s_{BD}(x) = s_{DB}(x)$ より $x_B = x_C + x_D$ を得る。したがって $x_D = 0$ となる。さらに $x_A = x_B$ となるので，$x_A + x_B + x_C + x_D = 1$ より $x_A = x_B = x_C = \frac{1}{3}$ となる。$x = \left(\frac{1}{3}, \frac{1}{3}, \frac{1}{3}, 0\right)$ は $s_{CD}(x) = s_{DC}(x)$, $s_{AC}(x) = s_{CA}(x)$, $s_{AD}(x) = s_{DA}(x)$ を満たすことが確かめられるので，x は唯一の（準）カーネルの点である。カーネルが一点であるので仁と一致する。

演習問題10.3*

ゲーム (N, v) において，$i \in N$ に対し，$MC_i = v(N) - v(N\backslash\{i\})$ とし，
$$x_i^* = MC_i + \frac{1}{n}\left(v(N) - \sum_{j \in N} MC_j\right)$$
とする。このとき全ての S $(|S| \leqq n-2)$ に対し
$$(*) \quad \frac{1}{n}\left(v(N) - \sum_{j \in N} MC_j\right) \geqq e(S, x^*)$$
が成り立てば x^* は準仁となることを示せ。ここで $n = |N|$ である。さらにこれを用いて

次の4人ゲーム

$N = \{A, B, C, D\}$, $v(N) = 10$,
$v(ABC) = 10$, $v(ABD) = 9$, $v(ACD) = 8$, $v(BCD) = 7$
$v(AB) = 8$, $v(AC) = 3$, $v(AD) = 5$,
$v(BC) = 4$, $v(BD) = 5$, $v(CD) = 2$,
$v(A) = v(B) = v(C) = v(D) = 0$

の仁を求めよ。

【演習問題10.3の解】

始めに $e(N\backslash\{i\}, x^*)$ を計算すると，$\sum_{i \in N} x_i^* = v(N)$ より

$$e(N\backslash\{i\}, x^*) = v(N\backslash\{i\}) - \sum_{j \in N\backslash\{i\}} x_j^*$$
$$= v(N\backslash\{i\}) - v(N) + x_i^*$$
$$= \frac{1}{n}\left(v(N) - \sum_{j \in N} MC_j\right)$$

が成り立つので x^* は方程式

$(**)$ $e(N\backslash\{1\}, x) = e(N\backslash\{2\}, x) = \cdots = e(N\backslash\{n\}, x)$, $\sum_{i \in N} x_i = v(N)$

の解である（唯一の解となる）。$(*)$ の条件より全ての S $(S \subsetneq N)$ に対し $e(N\backslash\{i\}, x^*) \geqq e(S, x^*)$ が成り立つ。すなわち $e(N\backslash\{i\}, x^*)$ は最大の不満にな

る。$x \neq x^*$ なる準配分 x をとる。x は $(**)$ の解ではないので $\max_{k \in N} e(N\backslash\{k\}, x) > \frac{1}{n}(v(N) - \sum_{j \in N} MC_j)$ が成り立つ。したがって $x \in I^*$ に対する最大不満は x^* に対する最大不満より大きい。ゆえに x^* は準仁である。

さらに問題の 4 人ゲームは優加法性を満たすので準仁と仁が一致していることに注意する。

$$MC_A = v(N) - v(BCD) = 10 - 7 = 3$$
$$MC_B = v(N) - v(ACD) = 10 - 8 = 2$$
$$MC_C = v(N) - v(ABD) = 10 - 9 = 1$$
$$MC_D = v(N) - v(ABC) = 10 - 10 = 0$$

であり，$\frac{1}{n}(v(N) - \sum_{j \in N} MC_j) = \frac{1}{4}(10 - 3 - 2 - 1) = 1$ であるから，

$$x_A^* = 4, \ x_B^* = 3, \ x_C^* = 2, \ x_D^* = 1$$

となる。よって $e(ABC, x^*) = e(ABD, x^*) = e(ACD, x^*) = e(BCD, x^*) = 1$ である。さらに

$$e(AB, x^*) = 8 - 7 = 1, \quad e(AC, x^*) = 3 - 6 = -3$$
$$e(AD, x^*) = 5 - 5 = 0, \quad e(BC, x^*) = 4 - 5 = -1$$
$$e(BD, x^*) = 5 - 4 = 1, \quad e(CD, x^*) = 2 - 3 = -1$$
$$e(A, x^*) = -4, \qquad\quad e(B, x^*) = -3$$
$$e(C, x^*) = -2, \qquad\quad e(D, x^*) = -1$$

であるから全ての不満が 1 以下であるので問題の条件 $(*)$ を満たす。したがって x^* は仁である。

10.4 練習問題

● 問題 10.1

3 人凸ゲームのコアが交渉集合であることを示せ。

● 問題 10.2

次の 5 人ゲーム

$$N = \{A, B, C, D, E\},$$
$$v(N) = v(ABCD) = v(ABCE) = v(ABC) = 1$$
他の S に対し $v(S) = 0$

のカーネル, 仁を求めよ。

● 問題 10.3

次の 4 人ゲーム

$N = \{A, B, C, D\}$
$v(N) = 12,\ v(ABC) = 7,\ v(ABD) = 7,\ v(ACD) = 8,\ v(BCD) = 10$
$v(AB) = 2,\ v(AC) = 3,\ v(AD) = 4,\ v(BC) = 5,\ v(BD) = 6,\ v(CD) = 7$
$v(A) = v(B) = v(C) = v(D) = 0$

の仁を求めよ。

● 問題 10.4

次の 3 人ゲーム

$$N = \{A, B, C\}$$
$$v(N) = 16,\ v(AB) = 8,\ v(AC) = 6,\ v(BC) = 4$$
$$v(A) = v(B) = v(C) = 0$$

の交渉集合を求めよ。

11

シャープレイ値と
その応用

　シャープレイ値は，配分間の支配関係や提携の不満，最大不満とは異なる考えで提示された提携形ゲームの解であり，ゲームに参加するプレイヤーの貢献度の期待値として与えられる．言い換えると，プレイヤーがゲームに参加する際に，受け取ることができると予想するゲームの評価値と考えることができる．この意味で代表的な「ゲームの値」として知られている．

　一方，シャープレイ値は前章の仁と同じように全てのゲームに対して存在して，ただ一つに定まることからその応用範囲が広い．この章ではシャープレイ値の計算を演習するとともに，代表的な応用である投票ゲームにおけるシャープレイ・シュービック投票力指数の計算も演習する．

　なお，シャープレイ値はその名前からもわかるようにシャープレイによって最初に提示された．シャープレイのオリジナルな公理的特徴づけの他に，近年，多くの公理的な特徴づけの研究がなされている．

11.1　重要事項のまとめ

◆ **シャープレイ値**　各プレイヤーがランダムな順序で到着し，提携に参加すると考えたときのプレイヤーの貢献度の期待値を，そのプレイヤーの<u>シャープレイ値</u>とよぶ。シャープレイ値は下記の4つの基本的な公理を満たすただ一つの利得ベクトルとして与えられる。

<u>提携 S におけるプレイヤー $i \in S$ の限界貢献度</u>：$v(S) - v(S \setminus \{i\})$

<u>ゲーム (N,v) におけるプレイヤー $i \in N$ のシャープレイ値</u>：

$$\phi_i(v) = \sum_{S:i \in S \subseteq N} \frac{(s-1)!(n-s)!}{n!}(v(S) - v(S \setminus \{i\}))$$

ただし，$s = |S|, n = |N|$ とする。

◆ **シャープレイ値の4つの公理**　利得ベクトルが全体合理性を満たすという公理（<u>全体合理性</u>），ゲームに参加してもまったく影響力をもたないプレイヤー（<u>ナルプレイヤー</u>）の利得はゼロであるという公理（<u>ナルプレイヤー公理</u>），2人のプレイヤーが対称なときは同じ利得を与えるという公理（<u>対称性公理</u>），2つのゲームの和ゲームに対する利得ベクトルはそれぞれのゲームに対する利得ベクトルの和になるという公理（<u>加法性公理</u>），以上の4つを満たす利得ベクトルとしてシャープレイ値は特徴づけられる。

<u>プレイヤー i と j が対称</u>：$v(S \cup \{i\}) = v(S \cup \{j\})$ $\forall S \subset N \setminus \{i,j\}$

<u>プレイヤー i がナルプレイヤー</u>：$v(S \cup \{i\}) = v(S)$ $\forall S \subset N \setminus \{i\}$

<u>ゲーム (N,v) とゲーム (N,w) の和ゲーム</u>：$(N, v+w)$

$$(v+w)(S) = v(S) + w(S) \ \ \forall S \subseteq N$$

ゲーム (N,v) に利得ベクトルを対応させる関数 $\phi(v) = (\phi_1(v), \phi_2(v), \cdots, \phi_n(v))$ を考える。$\phi(v)$ がシャープレイ値であるとき次の4つの公理を満たす。

公理1　[<u>全体合理性</u>]：$\sum_{i \in N} \phi_i(v) = v(N)$

公理2　[<u>ナルプレイヤー公理</u>]：任意のナルプレイヤー i に対し，$\phi_i(v) = 0$

公理 3 ［対称性公理］：対称なプレイヤー i と j に対し，$\phi_i(v) = \phi_j(v)$

公理 4 ［加法性公理］：任意のゲーム (N, v), (N, w) に対し，
$$\phi_i(v+w) = \phi_i(v) + \phi_i(w) \quad \forall i \in N$$

◆ **投票ゲーム**　委員会における意志決定や投票を表現するゲームにおいて，提携を形成し同一行動をとることにより必ず好みの結果を実現することができるような提携を勝利提携とよぶ。プレイヤー集合と勝利提携の集合で表現されたゲームを投票ゲームという。投票ゲームは勝利提携の提携値を 1，そうでない提携の提携値を 0，とすることで特性関数形ゲームで表現することができる。

投票ゲーム：$(N, \mathcal{W})$，ここで $\mathcal{W}$ は勝利提携の集合

投票ゲームの特性関数表現：$S \in \mathcal{W}$ のとき $v(S) = 1$,
$S \notin \mathcal{W}$ のとき $v(S) = 0$

◆ **重み付き多数決ゲーム**　各プレイヤーがそれぞれの重み（票）をもち，提携の重みの和がある規準数を上回ると勝利提携となるゲームを重み付き多数決ゲームとよぶ。過半数多数決決定や全員一致ゲームは重み付き多数決ゲームである。

n 人重み付き多数決ゲーム：$[w : q_1, q_2, \cdots, q_n]$
$$S \in \mathcal{W} \iff \sum_{j \in S} q_j \geqq w$$

◆ **シャープレイ・シュービック投票力指数**　議案がランダムに提出されプレイヤーの支持もランダムに定まっているとする。このとき，ある議案に対し，その議案を支持する人から順に投票をしていった場合に，そのプレイヤーの参加により否決が可決に変化するとき（そのプレイヤーがピボットである）確率をその人のシャープレイ・シュービック投票力指数という。

プレイヤー i が $S \ni i$ においてピボット：$S \in \mathcal{W}$ かつ $S \setminus \{i\} \notin \mathcal{W}$

重要な定理

定理 11.1

公理 1 から公理 4 を満たすゲーム (N,v) に利得ベクトルを対応させる関数はシャープレイ値 $\phi(v) = (\phi_1(v), \phi_2(v), \cdots, \phi_n(v))$ のみである。

定理 11.2

戦略的に同等な 2 つのゲーム (N,v) (N,v') のシャープレイ値は利得ベクトルの間の変換
$$x'_i = \alpha x_i + \beta_i \quad i = 1, 2, \cdots, n$$
によって一対一に対応する。

定理 11.3

ゲームが優加法性を満たすとき，シャープレイ値は配分になる。

定理 11.4

投票ゲーム $(N, \mathcal{W})$ におけるプレイヤー i のシャープレイ・シュービック投票力指数は，特性関数表現された投票ゲームのシャープレイ値
$$\phi_i(\mathcal{W}) = \sum_{S : S \in \mathcal{W},\ S \setminus \{i\} \notin \mathcal{W}} \frac{(s-1)!(n-s)!}{n!}$$
である。ここで，$s = |S|,\ n = |N|$ である。

定理 11.5

プレイヤー i のシャープレイ・シュービック投票力指数は，分数：
$$\frac{[i が前に到着しているプレイヤーの提携に参加したときピボットとなる場合の数]}{[各プレイヤーが順番に投票する場合の場合の数の総数]}$$
で与えられる。

11.2　例　題

例題 11.1

以下の $N = \{1, 2, 3\}$ である 3 人ゲームにおいて各プレイヤーのシャープレイ値を求めよ。

(1) 　$v(123) = 10,\ v(12) = 5,\ v(23) = 6,\ v(13) = 6,$
　　　$v(1) = 2,\ v(2) = 1,\ v(3) = 1$

(2) 　$v(123) = 10,\ v(12) = 5,\ v(23) = 7,\ v(13) = 8,$
　　　$v(1) = 0,\ v(2) = 0,\ v(3) = 0$

(3) 　3 人多数決ゲーム　$v(123) = v(12) = v(13) = v(23) = 1,$
　　　$v(1) = v(2) = v(3) = 0$

例題 11.1 の解

(1) 　シャープレイ値を $\phi(v) = (\phi_1(v), \phi_2(v), \phi_3(v))$ とし，定義に従って計算すると，

$$\phi_1(v) = \frac{0! \cdot 2!}{3!} \cdot (v(1) - v(\phi)) + \frac{1! \cdot 1!}{3!} \cdot (v(12) - v(2))$$

$$\quad + \frac{1! \cdot 1!}{3!} \cdot (v(13) - v(3)) + \frac{2! \cdot 0!}{3!} \cdot (v(123) - v(23))$$

$$= \frac{1}{3} \cdot 2 + \frac{1}{6} \cdot (5 - 1) + \frac{1}{6} \cdot (6 - 1) + \frac{1}{3} \cdot (10 - 6)$$

$$= \frac{1}{3} \cdot 2 + \frac{1}{6} \cdot 4 + \frac{1}{6} \cdot 5 + \frac{1}{3} \cdot 4 = \frac{7}{2}$$

$$\phi_2(v) = \frac{0! \cdot 2!}{3!} \cdot (v(2) - v(\phi)) + \frac{1! \cdot 1!}{3!} \cdot (v(12) - v(1))$$

$$\quad + \frac{1! \cdot 1!}{3!} \cdot (v(23) - v(3)) + \frac{2! \cdot 0!}{3!} \cdot (v(123) - v(13))$$

$$= \frac{1}{3} \cdot 1 + \frac{1}{6} \cdot 3 + \frac{1}{6} \cdot 5 + \frac{1}{3} \cdot 4 = 3$$

$$\phi_3(v) = v(123) - \phi_1(v) - \phi_2(v) = 10 - \frac{7}{2} - 3 = \frac{7}{2}$$

ここで，$\phi_3(v)$ はシャープレイ値の公理系の公理 1「全体合理性」によっ

て，求めている。したがって $\phi(v) = \left(\frac{7}{2}, 3, \frac{7}{2}\right)$ となる。

これは次のような表を用いて求めることもできる。

順列	1の貢献度	2の貢献度	3の貢献度	貢献度の和
123	$v(1) = 2$	$v(12) - v(1) = 3$	$v(123) - v(12) = 5$	$v(123) = 10$
132	$v(1) = 2$	$v(123) - v(13) = 4$	$v(13) - v(1) = 4$	$v(123) = 10$
213	$v(12) - v(2) = 4$	$v(2) = 1$	$v(123) - v(12) = 5$	$v(123) = 10$
231	$v(123) - v(23) = 4$	$v(2) = 1$	$v(23) - v(2) = 5$	$v(123) = 10$
312	$v(13) - v(3) = 5$	$v(123) - v(13) = 4$	$v(3) = 1$	$v(123) = 10$
321	$v(123) - v(23) = 4$	$v(23) - v(3) = 5$	$v(3) = 1$	$v(123) = 10$
合計	21	18	21	60
平均	$\frac{7}{2}$	3	$\frac{7}{2}$	10

(2) シャープレイ値を定義に従って求めると，

$$\phi_1(v) = \frac{1}{3} \cdot 0 + \frac{1}{6} \cdot 5 + \frac{1}{6} \cdot 8 + \frac{1}{3} \cdot (10 - 7) = \frac{19}{6}$$

$$\phi_2(v) = \frac{1}{3} \cdot 0 + \frac{1}{6} \cdot 5 + \frac{1}{6} \cdot 7 + \frac{1}{3} \cdot (10 - 8) = \frac{8}{3}$$

$$\phi_3(v) = 10 - \frac{19}{6} - \frac{8}{3} = \frac{25}{6}$$

したがって $\phi(v) = \left(\frac{19}{6}, \frac{8}{3}, \frac{25}{6}\right)$ となる。

これは表で求めることもできる。

順列	1の貢献度	2の貢献度	3の貢献度	貢献度の和
123	0	5	5	10
132	0	2	8	10
213	5	0	5	10
231	3	0	7	10
312	8	2	0	10
321	3	7	0	10
合計	19	16	25	60
平均	$\frac{19}{6}$	$\frac{8}{3}$	$\frac{25}{6}$	10

(3) シャープレイ値の公理 1「全体合理性」から $\sum_{i \in N} \phi_i(v) = 1$ となり，公理 3「対称性公理」より，$\phi_1(v) = \phi_2(v) = \phi_3(v)$ であるから
$$\phi(v) = \left(\frac{1}{3}, \frac{1}{3}, \frac{1}{3}\right)$$
となる。

例題 11.2

$N = \{1, 2, 3\}$ である 3 人投票ゲームにおいて，プレイヤー 1 を含む全ての提携のみが勝利提携であるとき，勝利提携の集合 $\mathcal{W}$ を求め，さらに，各プレイヤーのシャープレイ・シュービック投票力指数を求めよ（このとき，プレイヤー 1 を独裁者とよぶ）。

例題 11.2 の解

勝利提携の集合は，$\mathcal{W} = \{1, 12, 13, 123\}$ となる。プレイヤー 2 と 3 は
$$v(2) = v(12) - v(1) = v(23) - v(3) = v(123) - v(13) = 0,$$
$$v(3) = v(13) - v(1) = v(23) - v(2) = v(123) - v(12) = 0$$
であるからナルプレイヤーである。したがって公理 2 の「ナルプレイヤー公理」より，$\phi_2(v) = \phi_3(v) = 0$ である。したがって，シャープレイ値は，公理 1「全体合理性」から $\phi(v) = (1, 0, 0)$ となる。

例題 11.3（拒否権プレイヤーゲーム）

$N = \{1,2,3\}$ である3人投票ゲームにおいて，全ての勝利提携 $S \in \mathcal{W}$ に含まれているプレイヤー i のことを **拒否権プレイヤー** と呼ぶ．拒否権プレイヤーの存在する投票ゲームを全て求め，その勝利提携の集合 $\mathcal{W}$ と各プレイヤーのシャープレイ・シュービック投票力指数を求めよ．

例題11.3の解

(1)　1だけが拒否権プレイヤー：

(1-a)　1が独裁者のゲーム－例題11.2参照

(1-b)　1は独裁者でないが拒否権プレイヤーであるゲーム

勝利提携の集合は，$\mathcal{W} = \{12, 13, 123\}$ となる．プレイヤー2の貢献度は

$$v(2) = v(23) - v(3) = v(123) - v(13) = 0,\ v(12) - v(1) = 1$$

であるから2のシャープレイ値は $\frac{1}{6}$ である．プレイヤー2と3は対称であるから，対称性公理と全体合理性から $\phi(v) = \left(\frac{2}{3}, \frac{1}{6}, \frac{1}{6}\right)$ となる．

(2)　1と2だけが拒否権プレイヤー：

勝利提携の集合は，$\mathcal{W} = \{12, 123\}$ となる．プレイヤー3の貢献度は

$$v(3) = v(13) - v(1) = v(23) - v(2) = v(123) - v(12) = 0$$

であるから3のシャープレイ値は0である（プレイヤー3はナルプレイヤー）．プレイヤー1と2は対称であるから，対称性公理と全体合理性から $\phi(v) = \left(\frac{1}{2}, \frac{1}{2}, 0\right)$ となる．

(3)　全員が拒否権プレイヤー：

勝利提携の集合は，$\mathcal{W} = \{123\}$ となる．全てのプレイヤーが対称となり，例題11.1 (3) のゲームに一致するので，対称性公理と全体合理性から $\phi(v) = \left(\frac{1}{3}, \frac{1}{3}, \frac{1}{3}\right)$ となる．

(4)　その他は対称的なケースであるから同様に求められる．

例題 11.4

ある会社の株式は4人の株主によって保有されており，その保有率は40％，30％，20％，10％であるとする。このとき，株主総会において株式51％以上の多数によって決定がされるとき，このゲームを重み付き4人ゲームとして定式化し，勝利提携の集合 $\mathcal{W}$ を求めよ。さらに，各プレイヤーのシャープレイ・シュービック投票力指数を求めよ。

例題11.4の解

重み付き4人多数決ゲームは $[51:40,30,20,10]$ あるいは $[6;4,3,2,1]$ となる。どちらの重み付き多数決ゲームの表現も同じ勝利提携の集合 $\mathcal{W}$ を導き，A,B,C,D がそれぞれ 4,3,2,1 の重み（票）をもっているとすると，$\mathcal{W} = \{AB, AC, ABC, ABD, ACD, BCD, ABCD\}$ となる。それぞれのシャープレイ・シュービック投票力指数は，定義に従って計算すると

$$\phi_A(\mathcal{W}) = \frac{1! \cdot 2!}{4!} \cdot 2 + \frac{2! \cdot 1!}{4!} \cdot 3 = \frac{5}{12}$$

$$\phi_B(\mathcal{W}) = \frac{1! \cdot 2!}{4!} \cdot 1 + \frac{2! \cdot 1!}{4!} \cdot 2 = \frac{1}{4}$$

$$\phi_C(\mathcal{W}) = \frac{1! \cdot 2!}{4!} \cdot 1 + \frac{2! \cdot 1!}{4!} \cdot 2 = \frac{1}{4}$$

$$\phi_D(\mathcal{W}) = \frac{2! \cdot 1!}{4!} \cdot 1 = \frac{1}{12}$$

となる。これは次のようにして求めることもできる。全ての順列の数は $4! = 24$ 通りである。この中で，各プレイヤーがピボットとなる場合の数を計算すればよい。

D がピボットになるのは，D の前に5票集まっている場合だけである。そのような場合の数は BC か CB の次に D が投票する

$$BCDA, \ CBDA$$

の2通りだけである。よって $\phi_D(\mathcal{W}) = \frac{2}{24} = \frac{1}{12}$ である。

C がピボットになるのは，C の前に4票か5票集まっている場合だけである。前に4票集まっている場合の数は A の次に C が投票するか BD か DB の次に C が投票する

$$ACBD,\ ACDB,\ BDCA,\ DBCA$$

の4通りだけである。前に5票集まっている場合の数は AD か DA の次に C が投票する

$$ADCB,\ DACB$$

の2通りだけである。合計6通りであるから $\phi_C(\mathcal{W}) = \frac{6}{24} = \frac{3}{12}$ である。

B がピボットになるのは，B の前に3票か4票か5票集まっている場合だけである。前に3票集まっている場合の数は CD か DC の次に B が投票する

$$CDBA,\ DCBA$$

の2通りだけである。前に4票集まっている場合の数は A の次に B が投票する

$$ABCD,\ ABDC$$

の2通りだけである。前に5票集まっている場合の数は AD か DA の次に B が投票する

$$ADBC,\ DABC$$

の2通りだけである。合計6通りであるから $\phi_C(\mathcal{W}) = \frac{6}{24} = \frac{3}{12}$ である。

A の投票力指数は全体合理性から $\phi_A(\mathcal{W}) = 1 - \frac{3}{12} - \frac{3}{12} - \frac{1}{12} = \frac{5}{12}$ となる。すなわち全員の投票力指数は $\left(\frac{5}{12}, \frac{3}{12}, \frac{3}{12}, \frac{1}{12}\right)$ となる。票の割合は4：3：2：1であるにもかかわらず，B と C のパワーが同じで A は D の5倍のパワーをもつことは興味深い。

例題 11.5

以下の重み付き多数決ゲームのシャープレイ・シュービック投票力指数を求めよ。

(1)　$[w : q_1, q_2, q_3, q_4] = [5 : 3, 2, 1, 1]$
(2)　$[w : q_1, q_2, q_3, q_4, q_5] = [5 : 3, 2, 1, 1, 1]$
(3)　$[w : q_1, q_2, q_3, q_4, q_5, q_6] = [5 : 3, 2, 1, 1, 1, 1]$

例題 11.5 の解

プレイヤーを前から順に A, B, C, D, E, F とおくとする。

(1)　定義から求めると

$$\phi_A(\mathcal{W}) = \frac{1! \cdot 2!}{4!} \cdot 1 + \frac{2! \cdot 1!}{4!} \cdot 3 + \frac{3! \cdot 0!}{4!} \cdot 1 = \frac{7}{12}$$

$$\phi_B(\mathcal{W}) = \frac{1! \cdot 2!}{4!} \cdot 1 + \frac{2! \cdot 1!}{4!} \cdot 2 = \frac{1}{4}$$

$$\phi_C(\mathcal{W}) = \phi_D(\mathcal{W}) = \frac{1}{2}\left(1 - \frac{1}{4} - \frac{7}{12}\right) = \frac{1}{12}$$

となる。場合の数から求めてみよう。

プレイヤー C のピボットになる場合の数は C の前に 4 票集まっていなければならないから, AD か DA しかない。したがって, その場合の数は $ADCB$ か $DACB$ の 2 通りであるので, 投票力指数は $\phi_C(\mathcal{W}) = \frac{2}{24} = \frac{1}{12}$ である。

プレイヤー B がピボットになるためには B の前に 3 票か 4 票集まっていなければならない。3 票集まるのは A の次に B が投票する $ABCD$ か $ABDC$ の 2 通りしかない。4 票集まるのは AC か CA か AD か DA の次に B が投票する次の 4 通りである。

$$ACBD, \ CABD, \ ADBC, \ DACB$$

したがって, 投票力指数は $\phi_B(\mathcal{W}) = \frac{6}{24} = \frac{3}{12}$ である。

プレイヤー D は C と対称であるから, シャープレイ値の全体合理性を用いて $\left(\frac{7}{12}, \frac{3}{12}, \frac{1}{12}, \frac{1}{12}\right)$ となる。

(2)　場合の数の計算から求める。順列の総数は $5! = 120$ であることに注意する。

プレイヤー C がピボットになるためには C の前に 4 票集まっていなければならないから，A を含むケース AD（とその逆順）か AE（とその逆順）と B を含むケース BDE（と全てのその並び替え）がある。それらを列挙すると

$$(AD)C(BE),\ (AE)C(BD),\ (BDE)CA$$

となる。ここで，( ) 内は順序の並び替えを考慮して場合の数を計算しなければならない。これらの場合の数の合計は $2\times 2 + 2\times 2 + 3! = 4+4+6 = 14$ となる。したがって，投票力指数は $\phi_C(\mathcal{W}) = \frac{14}{120} = \frac{7}{60}$ である。

プレイヤー B がピボットになるためには B の前に 3 票か 4 票集まっていなければならない。3 票集まるケースは A と CDE（と全てのその並び替え）がある。それらを列挙すると

$$AB(CDE),\ (CDE)BA$$

となる。これらの場合の数の合計は $3! + 3! = 12$ となる。4 票集まるケースは AC（とその逆順）か AD（とその逆順）か AE（とその逆順）であるから，それらを列挙すると

$$(AC)B(DE),\ (AD)B(CE),\ (AE)B(CD)$$

となる。これらの場合の数の合計は $2\times 2 + 2\times 2 + 2\times 2 = 12$ となる。これらを合計して，投票力指数を計算すると $\phi_B(\mathcal{W}) = \frac{24}{120} = \frac{12}{60}$ である。

プレイヤー C, D, E は対称であるから，シャープレイ値の全体合理性を用いて

$$\phi(\mathcal{W}) = \left(\frac{27}{60}, \frac{12}{60}, \frac{7}{60}, \frac{7}{60}, \frac{7}{60}\right)$$ となる。

(3) 場合の数の計算から求める。順列の総数は $6! = 720$ であることに注意する。

プレイヤー C がピボットになるためには C の前に 4 票集まっていなければならないから，A を含むケース AD（とその逆順）などと，B を含むケース BDE（と全てのその並び替え）などがある。それらを列挙すると

$$(AD)C(BEF),\ (AE)C(BDF),\ (AF)C(BDE),\ (BDE)C(AF),$$
$$(BDF)C(AE),\ (BEF)C(AD)$$

となる。ここで，( ) 内は順序の並び替えを考慮して場合の数を計算しなければならない。これらの場合の数の合計は $2 \times 3! + 2 \times 3! + 2 \times 3! + 3! \times 2 + 3! \times 2 + 3! \times 2 = 6 \times 12 = 72$ となる。したがって，投票力指数は $\phi_C(\mathcal{W}) = \frac{72}{720} = \frac{1}{10}$ である。

プレイヤー B がピボットになるためには B の前に 3 票か 4 票集まっていなければならない。3 票集まるケースは A と CDE（と全てのその並び替え）などがある。それらを列挙すると

$AB(CDEF), (CDE)B(AF), (CDF)B(AE), (CEF)B(AD),$
$(DEF)B(AC)$

となる。これらの場合の数の合計は $4! + 4 \times (3! \times 2) = 72$ となる。4 票集まるケースは A を含む AC（とその逆順）などと $CDEF$（と全てのその並び替え）であるから，それらを列挙すると

$(AC)B(DEF), (AD)B(CEF), (AE)B(CDF), (AF)B(CDE),$
$(CDEF)BA$

となる。これらの場合の数の合計は $4 \times (2 \times 3!) + 4! = 72$ となる。これらを合計して，投票力指数を計算すると $\phi_C(\mathcal{W}) = \frac{144}{720} = \frac{2}{10}$ である。プレイヤー C, D, E, F は対称であるから，シャープレイ値の全体合理性を用いて $\phi(\mathcal{W}) = \left(\frac{4}{10}, \frac{2}{10}, \frac{1}{10}, \frac{1}{10}, \frac{1}{10}, \frac{1}{10} \right)$ となる。

例題 11.6

国連の安全保障理事会は，拒否権をもつ常任理事国 5 カ国と拒否権をもたない非常任理事国 10 カ国から構成されている．理事会での可決のためには常任理事国の全てと非常任理事国 4 カ国以上の賛成が必要である．このとき，この状況を重み付き多数決ゲームで表せ．さらに，各国のシャープレイ・シュービック投票力指数を求めよ．

例題 11.6 の解

常任理事国の 1 つを A とし，非常任理事国の 1 つを B とする．それぞれの重みを q_A, q_B としよう．5 常任理事国と 4 以上の非常任理事国で可決されることから $5q_A + 4q_B \geq w$ が成り立つ．一方 4 つの常任理事国と 10 カ国の非常任理事国が賛成しても可決できないから $4q_A + 10q_B < w$ が成り立つ．この 2 つの不等式を連結すると $5q_A + 4q_B > 4q_A + 10q_B$ すなわち，$q_A > 6q_B$ を得る．$q_B = 1$ として q_A が整数値となるようなケースを求めるとその一つは $q_A = 7$ である．$39 \geq w > 38$ より $w = 39$ となる．確かに，重み付き多数決ゲーム

$$[39; 7, 7, 7, 7, 7, 1, 1, \cdots, 1]$$

は例題の性質を満たしている（q_A は 7 以上の任意の整数で同値な表現をすることが可能である）．

続いてシャープレイ・シュービック投票力指数を求めよう．B がピボットとなるのは自分の前に 38 票集まったときだけである．38 票集まるのは全ての常任理事国 35 票と非常任理事国 3 票のケースしかない．B を除いた 9 カ国の非常任理事国のうち，3 カ国を選ぶ組合せの数は $\binom{9}{3} = \frac{9!}{3! \cdot 6!}$ である．このような場合の数の総数を計算すると B 国の前の 8 カ国の順列と B 国の後の 6 カ国の順列から $8! \cdot 6!$ となる．順列の総数は 15! であるから

$$\phi_B(\mathcal{W}) = \frac{9!}{3! \cdot 6!} \cdot 8! \cdot 6! \cdot \frac{1}{15!} = \frac{4}{2145} \approx 0.002$$

となる．

常任理事国は全て互いに対称であるから全体合理性公理と対称性公理より，

$$\phi_A(\mathcal{W}) = \frac{1 - \frac{4}{2145} \times 10}{5} = \frac{421}{2145} \approx 0.196$$

となる．重み付き多数決ゲームとしての定式化では，常任理事国の重みは非常任理事国の 7 倍にすぎなかったのに，投票力指数では，このように，常任理事国のパワーは非常に大きく，5 大国のパワーだけで全体の 98 % を占めている．また，常任理事国 1 国のパワーは非常任理事国 1 国のパワーの約 100 倍であることがわかる．

11.3 演習問題

演習問題 11.1

定理 11.3 を証明せよ。

【演習問題 11.1 の解】

シャープレイ値は全体合理性を満たすので，ゲームが優加法性を満たすときにシャープレイ値が個人合理性を満たすことを示せばよい．ゲームが優加法性を満たすので，$v(S) - v(S \setminus \{i\}) \geqq v(\{i\})$ であるから

$$\phi_i(v) = \sum_{S: i \in S \subseteq N} \frac{(s-1)!(n-s)!}{n!}(v(S) - v(S \setminus \{i\}))$$
$$\geqq \sum_{S: i \in S \subseteq N} \frac{(s-1)!(n-s)!}{n!} v(\{i\}) = v(\{i\})$$

である．ここで $\sum_{S: i \in S \subseteq N} \frac{(s-1)!(n-s)!}{n!} = 1$ であることを用いている．この等式の証明はゲーム (N, u) （ここで $u(S) = |S|$）のシャープレイ値の計算

$$\sum_{S: i \in S \subseteq N} \frac{(s-1)!(n-s)!}{n!} = \sum_{S: i \in S \subseteq N} \frac{(s-1)!(n-s)!}{n!}(u(S) - u(S \setminus \{i\})) = \phi_i(u) = 1$$

より示すことができる．

演習問題11.2

定理11.2を証明せよ。

【演習問題11.2の解】

(N, v) と (N, v') は戦略的に同等なゲームであり,正の数 α と β_i ($\forall i \in N$) に対して,任意の S に対して,

$$v'(S) = \alpha v(S) + \sum_{i \in S} \beta_i$$

が成り立つとする。このとき,

$$\begin{aligned}
\phi_i(v') &= \sum_{S : i \in S \subseteq N} \frac{(s-1)!(n-s)!}{n!}(v'(S) - v'(S \setminus \{i\})) \\
&= \sum_{S : i \in S \subseteq N} \frac{(s-1)!(n-s)!}{n!}(\alpha v(S) - \alpha v(S \setminus \{i\}) + \beta_i) \\
&= \alpha \sum_{S : i \in S \subseteq N} \frac{(s-1)!(n-s)!}{n!}(v(S) - v(S \setminus \{i\})) + \beta_i \sum_{S : i \in S \subseteq N} \frac{(s-1)!(n-s)!}{n!} \\
&= \alpha \phi_i(v) + \beta_i
\end{aligned}$$

が成り立つ。ここで $\sum_{S : i \in S \subseteq N} \frac{(s-1)!(n-s)!}{n!} = 1$ を用いている。

11.4 練習問題

● 問題 11.1

対称 n 人ゲーム (N,v) におけるシャープレイ値は $\phi(v) = \left(\frac{v(N)}{n}, \frac{v(N)}{n}, \ldots, \frac{v(N)}{n}\right)$ となることを示せ。

● 問題 11.2

以下のゲームにおいて各プレイヤーのシャープレイ値を求めよ。

(1) $N = \{1,2,3,4\}$, $v(N) = 10$, $v(123) = 8$, $v(124) = 7$, $v(134) = 6$, $v(234) = 5$, $v(12) = 6$, $v(13) = 3$, $v(23) = 1$, それ以外の S に対し $v(S) = 0$

(2) $N = R \cup L$ であり，R を右靴を 1 つ持つ人の集合，L を左靴を 1 つ持つ人の集合とし，靴のペアを 1 足作成するたびに 1 の利得が得られるゲームにおける $|R| = 2$, $|L| = 3$ の 5 人ゲーム（ここで，$v(S) = \min\{|S \cap R|, |S \cap L|\}$）

(3) 全体提携 N と $n-1$ 人提携 $N \setminus \{i\}$ $(i \in N)$ 以外の提携の特性関数値がゼロとなる n 人ゲーム

● 問題 11.3

k を自然数とするとき以下の重み付き多数決ゲームのシャープレイ・シュービック投票力指数を求めよ。

$[w : q_1, q_2, q_3, q_4] = [4 : 1, 1, 1, k]$

12

マッチングゲームのコア

　男女のように2つの異なるグループがあり，その間でペアを作る問題はマッチングの問題といわれ，種々の応用がある。このとき，割り当てられたペアから逸脱しようとする男女の組がないとき，安定なマッチングとよばれる。この安定マッチングは，提携形ゲームのコアの一つの応用と考えられる。特に，利得を譲渡できないので，NTUゲームのコアに対応する。8章で示したように，提携形ゲームのコアは必ずしも存在しないが，安定なマッチングは常に存在し，ゲールとシャープレイによって提示された興味深いアルゴリズムで求めることができる。このアルゴリズムは労働者を各勤務セクションに割り当てる問題やインターンを病院に割り当てる問題など多くの現実的な応用がある。

12.1 重要事項のまとめ

◆ **結婚ゲーム**　同数の男性と女性の集合 M, W を考え，それぞれ，異性に対し結婚したい順に順位付けをしているとする。このとき，いかなる男女の組合せが安定かを考察する問題を結婚問題あるいは結婚ゲームと呼ぶ。ここで，男女の好みは以下の選好関係で表される。より一般的に，このような 2 つの側が相手側とペア（マッチング）を作っていくようなゲームをマッチングゲームと呼ぶ。この問題は企業において労働者を各勤務セクションに割り当てる問題，大学において学生をゼミに割り当てる問題，インターンを病院に割り当てる問題など多くの現実的な応用問題がある。

結婚ゲーム：$(M \cup W, (\succ_i)_{i \in M \cup W})$
男性の集合：$M = \{m_1, m_2, \cdots, m_p\}$
女性の集合：$W = \{w_1, w_2, \cdots, w_p\}$

男性の選好関係：男性 $m_k \in M$ が女性 w を女性 w' より好むことを下のように表す。$\succ_k$ の代わりに $\succ$ を使うこともある。

$$w \succ_k w' \quad (w, w' \in W)$$

女性の選好関係：女性 $w_k \in W$ が男性 m を男性 m' より好むことを下のように表す。$\succ_k$ の代わりに $\succ$ を使うこともある。

$$m \succ_k m' \quad (m, m' \in M)$$

マッチング：全ての男女のペアの状況を表現したものをマッチングとよぶ。これは，提携形ゲームの利得ベクトルに相当する。π は各女性にペアとなる男性を対応させる関数で，男女の数が同数で各男性に対応する女性も 1 名であるから，全単射関数あるいは置換と考えることができる。π を次のように表す。

$$\pi = \begin{pmatrix} w_1 & w_2 & w_3 & \cdots & w_p \\ \pi(w_1) & \pi(w_2) & \pi(w_3) & \cdots & \pi(w_p) \end{pmatrix}$$

$$= \begin{pmatrix} w_1 & w_2 & w_3 & \cdots & w_p \\ m_{i_1} & m_{i_2} & m_{i_3} & \cdots & m_{i_p} \end{pmatrix}$$

$$= \begin{pmatrix} \pi^{-1}(m_1) & \pi^{-1}(m_2) & \cdots & \pi^{-1}(m_p) \\ m_1 & m_2 & \cdots & m_p \end{pmatrix}$$

◆ **安定マッチング** あるマッチングにおいて，現在と異なるいかなる新しいペアを形成しても男女ともに，現在のパートナーより好ましい相手と組むことができないとき，<u>安定マッチング</u>という．言い換えると，現在のマッチングからある男女 2 人組が駆け落ちして新しいペアを作り 2 人とも良くなろうとしても，そのようなペアを作ることができない状態をいう．安定マッチングの集合は，以下のようにマッチングの間の支配関係を定義したときのコアに一致するので<u>マッチングゲームのコア</u>とも呼ばれている．

<u>マッチングの間の支配関係</u>：

π' が π をペア (w_k, m_l) を通して支配する ($\pi' \operatorname{dom}_{(w_k, m_l)} \pi$) $\iff$

$$\pi'(w_k) = m_l, \quad m_l \succ_k \pi(w_k), \quad w_k \succ_l \pi^{-1}(m_l)$$

π' が π を支配する ($\pi' \operatorname{dom} \pi$) $\iff$

あるペア (w_k, m_l) が存在し，そのペアを通して π' が π を支配する．

<u>コア（安定マッチングの集合）</u>：

$$C = \{\pi \mid \pi \text{ は他のいかなるマッチング } \pi' \text{ にも支配されない}\}$$

◆ **マッチングのパレート最適性** あるマッチングにおいて，いかなるペアの組み替えを行っても，組み替えられた者全員が，元のマッチングより良い状況になるということがないとき，元のマッチングは<u>パレート最適</u>であるとよばれる．これは利得ベクトルの強パレート最適性と類似の概念である．組み替えられた者が全員良くなると，あるペアを通して元のマッチングを支配する新しいマッチングが存在してしまうので，安定なマッチングはパレート最適となる．

<u>パレート最適なマッチング</u>：π がパレート最適 $\iff$ 以下の条件を満たすマッチング π' が存在しない。

全ての $\pi'(w) \neq \pi(w)$ なる $w \in W$ に対して $\pi'(w) \succ_w \pi(w)$、

かつ $\pi'^{-1}(m) \neq \pi^{-1}(m)$ なる $m \in M$ に対して、$\pi'^{-1}(m) \succ_m \pi^{-1}(m)$

◆ **男性最適・女性最適なマッチング** 　安定マッチングの集合の中で，いかなるペアの組み替えを行っても，組み替えられた者のうち男性全員が，元のマッチングと同じか悪い状況になるとき，元のマッチングは<u>男性最適</u>であるとよばれる。同様に組み替えられた者のうち女性全員が，元のマッチングと同じか悪い状況になるとき，元のマッチングは<u>女性最適</u>であるとよばれる。

<u>男性最適なマッチング</u>：$\pi \in C$ が男性最適 $\iff$ 全ての安定なマッチング $\pi' \in C$ に対し，全ての $\pi'^{-1}(m) \neq \pi^{-1}(m)$ なる $m \in M$ について，$\pi^{-1}(m) \succ_m \pi'^{-1}(m)$

<u>女性最適なマッチング</u>：$\pi \in C$ が女性最適 $\iff$ 全ての安定なマッチング $\pi' \in C$ に対し，全ての $\pi'(w) \neq \pi(w)$ なる $w \in W$ について $\pi(w) \succ_w \pi'(w)$

◆ **拡張した結婚ゲーム** 　男性と女性の人数が同数でないとき，独身状態も考慮しなければならない。このとき，独身状態を $\hat{s}$ で表し，選好関係やマッチング，支配関係を次のように拡張する。

<u>男性の選好関係</u>：$w \succ_k w'$ 　 $(w, w' \in W \cup \{\hat{s}\})$

　… 男性 $m_k \in M$ は女性(または独身状態)w を女性(または独身状態)w' より好む

<u>女性の選好関係</u>：$m \succ_k m'$ 　 $(m, m' \in M \cup \{\hat{s}\})$

　… 女性 $w_k \in W$ は男性(または独身状態)m を男性(または独身状態)m' より好む

<u>マッチング</u>：マッチングは男女のペアの状況だけでなく独身状況の記述（独身状態）を含まなければならない。ここで，π は W の要素に対しては1つの $m \in M \cup \{\hat{s}\}$ を対応させ，$\hat{s}$ に対しては複数の $m \in M$ を対応させる写像である。ここで $\pi(\hat{s}) = \{m_{j_1}, m_{j_2}, \cdots, m_{j_r}\}$ とする。

$$\pi = \begin{pmatrix} w_1 & w_2 & w_3 & \cdots & w_q & \hat{s} & \cdots & \hat{s} \\ \pi(w_1) & \pi(w_2) & \pi(w_3) & \cdots & \pi(w_q) & m_{j_1} & \cdots & m_{j_r} \end{pmatrix}$$

$$= \begin{pmatrix} w_1 & w_2 & w_3 & \cdots & w_q & \hat{s} & \cdots & \hat{s} \\ \hat{s} & m_{i_2} & m_{i_3} & \cdots & \hat{s} & m_{j_1} & \cdots & m_{j_r} \end{pmatrix}$$

マッチングの間の支配関係:

π' が π を独身状態 $(w_k, \hat{s})$ を通して支配する ($\pi' \,\mathrm{dom}_{(w_k,\hat{s})}\, \pi$)

$\iff \pi'(w_k) = \hat{s},\ \hat{s} \succ_k \pi(w_k)$

π' が π を独身状態 $(\hat{s}, m_k)$ を通して支配する ($\pi' \,\mathrm{dom}_{(\hat{s},m_k)}\, \pi$)

$\iff \pi'(\hat{s}) \ni m_k,\ \hat{s} \succ_k \pi^{-1}(m_k)$

π' が π を支配する ($\pi' \,\mathrm{dom}\, \pi$)

$\iff$ あるペア (w, m) またはある独身状態 $(w, \hat{s}), (\hat{s}, m)$ が存在してそれを通して π' が π を支配する。

コア: 拡張した支配関係を基に同様に定義する。

重要な定理

定理 12.1

マッチングゲームのコア(安定マッチング)は常に存在する。

定理 12.2

男性最適なマッチングと女性最適なマッチングが存在し,それらは男女同数の場合は次のゲール・シャープレイのアルゴリズムで求められる。拡張した結婚ゲームでは修正アルゴリズムを用いる。なお,男性プロポーズのケースは男性最適なマッチングに至る。

ゲール・シャープレイのアルゴリズム(男性プロポーズのケース)

ステップ1:全ての男性は自分の最も好ましい女性にプロポーズをする。各女性はプロポーズを受けた男性のリストを作成する。各女性は自分のもつリスト中で最も好ましい男性を残し,他の全ての男性からのプロポーズを拒否する。もし,どの男性も拒否されなければそこで終了する。

ステップ2：拒否された男性たちは，前のステップでプロポーズして拒否された女性の次に好ましい女性にプロポーズをする。各女性は新たなプロポーズを受け，リストにプロポーズをした男性を加えて更新をする。さらに，各女性は自分のもつリストの中で最も好ましい男性を残し，他の全ての男性からのプロポーズを拒否する。もし，どの男性も拒否されなければそこで終了する。

以下ステップ2を繰り返す。

修正アルゴリズム（男性プロポーズのケース）

独身状態を考慮した場合，アルゴリズムは次のように修正される。男性がプロポーズする場合，最も好ましい女性から順にプロポーズしていくのは同じであるが独身状態$\hat{s}$より好ましくない女性にはプロポーズしない。すなわち，$\hat{s}$に至ったとき，プロポーズをストップする。また，女性は$\hat{s}$より好ましくない男性からのプロポーズはリストに載せず全て拒否する。終了の条件は同じである。

12.2 例題

例題 12.1

男性の集合，女性の集合をそれぞれ $M = \{a, b, c\}$, $W = \{A, B, C\}$ とし，ゲール・シャープレイのアルゴリズムで安定なマッチングを求めよ。

$$a : A \succ C \succ B \qquad A : c \succ b \succ a$$
$$b : A \succ C \succ B \qquad B : a \succ c \succ b$$
$$c : C \succ A \succ B \qquad C : a \succ b \succ c$$

例題 12.1 の解

男性がプロポーズするアルゴリズムで考える。男性側が，自分の最も好ましい女性にペアを組むためのプロポーズをする。すなわち，男性 a と b は女性 A に，男性 c は女性 C にプロポーズをする。女性の中で，2人からプロポーズを受けたのは A だけなので，女性 A は，プロポーズをした男性 a と b を比較して，好ましい男性 b を残し a を拒否する（ここで，男性 b のプロポーズは A にキープされているだけで最終的に受諾されたわけではない）。

拒否された男性 a は自分の次に好ましい女性である C にプロポーズをする。女性 C はすでに男性 c からのプロポーズを受けているが，これで，2人の男性 c と a からプロポーズを受けたことになる。そこで女性 C はこの2人を比較して，好ましい男性 a を残し c を拒否する。

拒否された男性 c は自分の次に好ましい女性である A にプロポーズをする。女性 A はキープしている b に加えて新たに男性 c からプロポーズを受けたことになるが，今まで同様，この2人の内で好ましい c を残し，男性 b を拒否することになる。

そこで，拒否された b は自分の次に好ましい女性 B にプロポーズする。ここに至り，全ての女性はただ一つずつのプロポーズをキープしたことになり，全てのプロポーズは受諾され，一つの安定なマッチングが定まる。そのマッチングは

$$\begin{pmatrix} A & B & C \\ c & b & a \end{pmatrix}$$

となる。これは男性最適なマッチングである。一方，女性がプロポーズするとしてこのアルゴリズムを適用しても，

$$\begin{pmatrix} A & B & C \\ c & b & a \end{pmatrix}$$

すなわち，同じ結果となる。これは女性最適なマッチングである。この2つのマッチングが一致するので安定マッチングはこのマッチングだけである。

例題 12.2

男性3名の集合，女性2名の集合をそれぞれ $M = \{a,b,c\}, W = \{A,B\}$ とし，ゲール・シャープレイの修正アルゴリズムで安定なマッチングを求めよ．

$a : A \succ B \succ \hat{s}$ $\qquad$ $A : c \succ a \succ b \succ \hat{s}$

$b : A \succ B \succ \hat{s}$ $\qquad$ $B : a \succ \hat{s} \succ b \succ c$

$c : B \succ \hat{s} \succ A$

例題12.2の解

男性がプロポーズするアルゴリズムで考える．男性 a と b は女性 A に，男性 c は女性 B にプロポーズをする．2人からプロポーズを受けた A は好ましい男性 a を残し b を拒否する．さらに男性 c からプロポーズを受けた女性 B は独身 $\hat{s}$ より好ましくないので，c を拒否する．拒否された男性 b は次に好ましい女性である B にプロポーズをする．拒否された男性 c はそれ以上，結婚したい女性がいないのでプロポーズするのを止める．

b からプロポーズを受けた女性 B は，やはり独身 $\hat{s}$ より好ましくないので，b を拒否する．拒否された男性 b はそれ以上プロポーズする女性がいないのでアルゴリズムはストップし，以下の安定なマッチングが定まる．

$$\begin{pmatrix} a & b & \hat{s} & c \\ A & \hat{s} & B & \hat{s} \end{pmatrix}$$

これは男性最適なマッチングである．女性がプロポーズしても同じマッチングに至り，女性最適なマッチングと男性最適なマッチングが一致するので安定なマッチングはただ一つとなる．

12.3　演習問題

||||||||||| **演習問題12.1** |||||||||||||||||||||||||||||||||||||||||||||||||||||||||||||||||||||||||||||||||||||||

　ゲール・シャープレイのアルゴリズムは常に安定マッチングに至って終了することを示せ。

||||||||||||||||||||||||||||||||||||||||||||||||||||||||||||||||||||||||||||||||||||||||||||||||||||||||||||||||||

【演習問題12.1の解】

　はじめにゲール・シャープレイのアルゴリズムが必ずマッチングに至ることを示す。すなわち，全ての女性に拒否し続けられて，プロポーズする相手がいなくなるような男性はいない。なぜなら，そのような男性が存在するとすると，彼は最終的にペアを作ることができない。男女同数であるから，やはり，ペアを作ることのできない女性が存在するはずである。ペアを作れないのは彼女にプロポーズする男性がいなかったときに限るので，その男性が全ての女性にプロポーズして拒否されたことに矛盾する。

　次にこのアルゴリズムは必ず終了することを示す。なぜなら，あるステップで終了しない場合，少なくとも1人の男性は拒否されるので，彼は次のステップで必ず，前のステップで拒否された次の女性にプロポーズする。プロポーズ可能な女性は有限であり，しかも全ての女性に拒否されることはないので，いずれはどこかでステップが終了しなければならない。

　最後にこのアルゴリズムで得られたマッチング μ が安定であることを示す。

　安定でないとするとマッチング μ は，あるペア (w, m) を通して他のマッチングに支配される。彼らはマッチング μ では，それぞれペア $(w, \mu(w))$，$(\mu^{-1}(m), m)$ を形成していた。このとき，$m \succ_w \mu(w)$ であるから，m はこのアルゴリズムにおいて w にプロポーズしなかったはずである。さもないと $\mu(w)$ はある段階で w に拒否されたはずである。一方，この m はこのアルゴリズムで $\mu^{-1}(m)$ とペアを作るのであるから，必ず，$\mu^{-1}(m)$ より好ましい全ての女性にプロポーズして拒否されたはずである。ところが，$w \succ_m \mu^{-1}(m)$

であるから m にとって w は好ましく，しかもプロポーズしていないことになるので矛盾である。

12.4　練習問題

●問題12.1

以下のマッチングゲームにおいて，男性最適なマッチングと女性最適なマッチングおよび全ての安定マッチングを求めよ．

(1)

$m_1:\ w_1 \succ w_2 \succ \hat{s}$　　　　$w_1:\ m_1 \succ m_2 \succ \hat{s}$

$m_2:\ w_1 \succ w_2 \succ \hat{s}$　　　　$w_2:\ m_2 \succ m_1 \succ \hat{s}$

(2)

$m_1:\ w_1 \succ w_2 \succ \hat{s}$　　　　$w_1:\ m_3 \succ m_1 \succ m_2 \succ \hat{s}$

$m_2:\ w_1 \succ w_2 \succ \hat{s}$　　　　$w_2:\ m_3 \succ m_2 \succ \hat{s} \succ m_1$

$m_3:\ \hat{s} \succ w_2 \succ w_1$

●問題12.2

以下のマッチングゲームにおいて，男性最適なマッチングと女性最適なマッチングを求めよ．

(1)

$m_1:\ w_1 \succ w_2 \succ w_3 \succ \hat{s}$　　　　$w_1:\ m_3 \succ m_2 \succ m_1 \succ \hat{s}$

$m_2:\ w_2 \succ w_3 \succ w_1 \succ \hat{s}$　　　　$w_2:\ m_1 \succ m_2 \succ m_3 \succ \hat{s}$

$m_3:\ w_2 \succ w_1 \succ w_3 \succ \hat{s}$　　　　$w_3:\ m_2 \succ m_1 \succ m_3 \succ \hat{s}$

(2)

$m_1:\ w_1 \succ w_2 \succ \hat{s} \succ w_3$　　　　$w_1:\ m_3 \succ m_2 \succ m_1 \succ \hat{s}$

$m_2:\ w_2 \succ w_3 \succ \hat{s} \succ w_1$　　　　$w_2:\ m_1 \succ m_2 \succ m_3 \succ \hat{s}$

$m_3:\ w_2 \succ w_3 \succ \hat{s} \succ w_1$　　　　$w_3:\ m_2 \succ m_1 \succ m_3 \succ \hat{s}$

(3)

$m_1:\ w_2 \succ w_3 \succ w_1 \succ \hat{s}$　　　　$w_1:\ m_1 \succ m_2 \succ m_3 \succ \hat{s}$

$m_2:\ w_2 \succ w_3 \succ w_1 \succ \hat{s}$　　　　$w_2:\ m_1 \succ m_2 \succ m_3 \succ \hat{s}$

$m_3:\ w_1 \succ w_3 \succ w_2 \succ \hat{s}$　　　　$w_3:\ m_1 \succ m_3 \succ m_2 \succ \hat{s}$

●問題 12.3

以下のマッチングゲームにおいて全ての安定マッチングを求めよ。

(1)

$m_1:\ w_1 \succ w_3 \succ w_2 \succ \hat{s}$ $\qquad$ $w_1:\ m_3 \succ m_2 \succ m_1 \succ \hat{s}$
$m_2:\ w_1 \succ w_3 \succ w_2 \succ \hat{s}$ $\qquad$ $w_2:\ m_1 \succ m_3 \succ m_2 \succ \hat{s}$
$m_3:\ w_3 \succ w_1 \succ w_2 \succ \hat{s}$ $\qquad$ $w_3:\ m_1 \succ m_2 \succ m_3 \succ \hat{s}$

(2)

$m_1:\ w_2 \succ w_3 \succ w_1 \succ \hat{s}$ $\qquad$ $w_1:\ m_1 \succ m_2 \succ \hat{s} \succ m_3$
$m_2:\ w_2 \succ w_3 \succ \hat{s} \succ w_1$ $\qquad$ $w_2:\ m_1 \succ m_2 \succ m_3 \succ \hat{s}$
$m_3:\ w_1 \succ w_3 \succ w_2 \succ \hat{s}$ $\qquad$ $w_3:\ m_1 \succ m_3 \succ m_2 \succ \hat{s}$

(3)

$m_1:\ w_4 \succ w_3 \succ w_1 \succ \hat{s} \succ w_2$ $\qquad$ $w_1:\ m_1 \succ m_2 \succ \hat{s} \succ m_3$
$m_2:\ w_3 \succ w_2 \succ \hat{s} \succ w_1 \succ w_4$ $\qquad$ $w_2:\ m_1 \succ m_3 \succ m_2 \succ \hat{s}$
$m_3:\ w_2 \succ w_3 \succ w_4 \succ w_1 \succ \hat{s}$ $\qquad$ $w_3:\ m_1 \succ m_2 \succ \hat{s} \succ m_3$
$\qquad\qquad\qquad\qquad\qquad\qquad\qquad\qquad$ $w_4:\ m_3 \succ m_1 \succ m_2 \succ \hat{s}$

(4)

$m_1:\ w_3 \succ w_2 \succ w_1 \succ w_4 \succ \hat{s}$ $\qquad$ $w_1:\ m_1 \succ m_3 \succ m_2 \succ m_4 \succ \hat{s}$
$m_2:\ w_4 \succ w_1 \succ w_3 \succ w_2 \succ \hat{s}$ $\qquad$ $w_2:\ m_4 \succ m_2 \succ m_1 \succ m_3 \succ \hat{s}$
$m_3:\ w_4 \succ w_2 \succ w_1 \succ w_3 \succ \hat{s}$ $\qquad$ $w_3:\ m_3 \succ m_2 \succ m_1 \succ m_4 \succ \hat{s}$
$m_4:\ w_3 \succ w_1 \succ w_4 \succ w_2 \succ \hat{s}$ $\qquad$ $w_4:\ m_4 \succ m_3 \succ m_2 \succ m_1 \succ \hat{s}$

●問題 12.4

A，B，C，Dの4人（同性）を2人ずつ2部屋に割り当てる問題を考える。このとき，この4人の他のルームメイトに対する選好は

$A:\ B \succ_A C \succ_A D$ $\qquad$ $C: A \succ_C B \succ_C D$
$B:\ C \succ_B A \succ_B D$ $\qquad$ $D: A \succ_D B \succ_D C$

である。この問題においてマッチングゲームと同様にルームメイトのペアの支配関係を定義するとき，このゲームのコア（ルームメイト問題のコア）が空集合であることを示せ。

13 ナッシュの交渉問題

　協力ゲームに属する著名な問題の一つは交渉問題である．とくに２者間の交渉問題は労使交渉や２国間交渉など応用範囲が広い．この交渉問題はナッシュが定式化したものであり，ナッシュの交渉問題，あるいは交渉ゲームとよばれることが多い．この交渉ゲームにおいて，ナッシュは交渉解とよばれる交渉の妥結案を導くルールを提示しているが，本章ではその公理的な特徴づけを紹介し，さらに，それに関して問題演習をする．ナッシュの交渉解に関しては戦略形ゲームや展開形ゲームによるアプローチがいくつか提示されており，いずれも，ナッシュ解を導くことが示されており興味深い．

　交渉ゲームは２人NTUゲームとして特徴づけることもできる．一方，３人以上の交渉ゲームを考えることも可能であるが，３人以上のNTUゲームの分析はかなり複雑である．また，ナッシュ均衡とナッシュ解の名称が混用される場合があるが，まったく別のものを意味していることに注意して頂きたい．

13.1 重要事項のまとめ

◆ **ナッシュの交渉問題**　労使交渉のように，2つの集団や2人の主体が，協力の結果得られる利益の分配交渉を行う状況を，ナッシュは交渉問題として定式化した。一般にナッシュの交渉問題は，協力の結果実現可能な利得の集合（実現可能集合）U と，交渉が不調に終わり協力が実現されなかったときに生ずる交渉の基準点 d によって表現される。交渉問題は2人交渉ゲームと呼ばれることもある。

　　2人交渉問題：(U, d), $u_1 > d_1$, $u_2 > d_2$ なる $u = (u_1, u_2) \in U$ が存在
　　実現可能集合：$U \subset \mathbb{R}^2$, U は有界閉凸集合
　　交渉基準点：$d = (d_1, d_2) \in U$

◆ **交渉解とナッシュ解**　各交渉問題に，交渉の妥結点の利得ベクトルを対応させるような関数 f を交渉問題の交渉解とよぶ。とくに，基準点からの利得の増加分の積を最大にするような妥結点をナッシュは交渉解として提唱し，ナッシュ解またはナッシュ交渉解とよばれる。

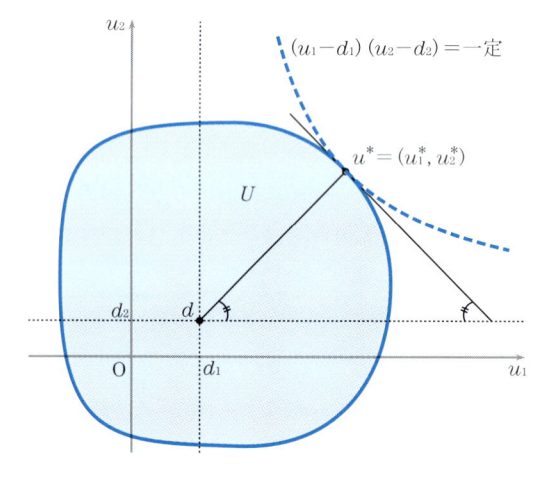

交渉問題とナッシュ解

交渉解：$f:\{(U,d)\} \to U$，ここで，$f(U,d)$ は交渉の妥結点を与える。
ナッシュ解（ナッシュ交渉解）：$f(U,d) = (u_1^*, u_2^*) \in U$，ここで，
$(u_1^* - d_1)(u_2^* - d_2) = \max\{(u_1 - d_1)(u_2 - d_2)|u \in U,\ u_1 \geqq d_1,\ u_2 \geqq d_2\}$

◆ **ナッシュ解の4つの公理**　妥結点はパレート最適性を満たすという公理（パレート最適性），各プレイヤー利得のスケールをそれぞれ，正アフィン変換 $\alpha_1 u_1 + \beta_1,\ \alpha_2 u_2 + \beta_2$（ここで $\alpha_1, \alpha_2 > 0$）に従って変えても，妥結点の結果はそのスケールで変換されるだけで，本質的には変わらないという公理（正アフィン変換からの独立性），2人のプレイヤーにとって実現可能集合が対称なときは同じ利得を与えるという公理（対称性），実現可能集合が縮小しても元の妥結点が新しい実現可能集合の中にとどまるならば，それが縮小したゲームでも妥結点になるという公理（無関係な代替案からの独立性）の4つを満たす交渉解としてナッシュ解は特徴づけられる。

交渉問題 (U,d) に妥結点を対応させる関数（交渉解）$f(U,d) = (f_1(U,d), f_2(U,d))$ を考える。f をナッシュ解とすると次の4つの公理を満たす。

公理1　[(強)パレート最適性]：$v_1 \geqq f_1(U,d),\ v_2 \geqq f_2(U,d)$，かつ $v \neq f(U,d)$ を満たす $v = (v_1, v_2) \in U$ が存在しない。

公理2　[正アフィン変換からの独立性]：$\alpha_1 > 0,\ \alpha_2 > 0$ かつ $U' = \{(\alpha_1 u_1 + \beta_1,\ \alpha_2 u_2 + \beta_2) | u \in U\}$，$d' = (\alpha_1 d_1 + \beta_1,\ \alpha_2 d_2 + \beta_2)$ としたとき，$f_1(U', d') = \alpha_1 f_1(U,d) + \beta_1,\ f_2(U', d') = \alpha_2 f_2(U,d) + \beta_2$

公理3　[対称性]：(U,d) が対称，すなわち，$d_1 = d_2$ かつ $(u_1, u_2) \in U$ のとき $(u_2, u_1) \in U$，ならば $f_1(U,d) = f_2(U,d)$

公理4　[無関係な代替案からの独立性]：2つの交渉問題 $(U,d), (T,d),\ U \subset T$ において $f(T,d) \in U$ ならば，$f(U,d) = f(T,d)$

■ **重要な定理**

> **定理 13.1**
>
> 公理1から公理4を満たす交渉問題 (U,d) に交渉の妥結点を対応させる交渉解はナッシュ解に限る。

13.2 例題

例題 13.1

2人のプレイヤー A, B が a 万円 $(a > 0)$ を分ける交渉問題を考える。ただし、交渉が決裂した場合には両者とも0万円を獲得するものとする。2人のプレイヤーの効用関数が以下のように表されるときナッシュ解による妥結点を求めよ。

(1) $u_A(x) = x, \ u_B(x) = x$
(2) $u_A(x) = \sqrt{x}, \ u_B(x) = x$
(3) (1) において2人の効用関数を次のように変換する。
$$u'_A(x) = su_A(x) + b, \ u'_B(x) = tu_B(x) + c \ (s, t > 0)$$
(4) $u_A(x) = x^p, \ u_B(x) = x^q \ (p, q > 0)$

例題 13.1 の解

(1) A, B の妥結点での受取金額を (x, y) とすると、実現可能集合のパレート最適な点の集合は $\{(u_A(x), u_B(y)) | x + y = a\} = \{(x, y) | x + y = a\}$ で表される。このもとで $u_A(x) \cdot u_B(y) = x \cdot y$ を最大化してやれば良い。この解は $(x, y) = \left(\frac{a}{2}, \frac{a}{2}\right)$ である。したがってナッシュ解による妥結点は $f(U, 0) = \left(\frac{a}{2}, \frac{a}{2}\right)$ である。パレート最適性と対称性公理から求めても良い。

(2) (1) と同様にして、$\{(u_A(x), u_B(y)) | x + y = a\} = \{(\sqrt{x}, y) | x + y = a\}$ のもとで $u_A(x) \cdot u_B(y) = \sqrt{x} \cdot y$ を最大化してやれば良い。これは $u = \sqrt{x}, \ v = y$ とおくと、条件 $u^2 + v = a$ のもとで、uv を最大にする問題と同じである。これは例えばラグランジュ関数 $L(u, v) = uv + \lambda(u^2 + v - a)$ を作り $\frac{\partial L}{\partial u} = v + 2\lambda u = 0, \ \frac{\partial L}{\partial v} = u + \lambda = 0, \ u^2 + v = a$ から求めれば良い。その解は $(u, v) = \left(\sqrt{\frac{a}{3}}, \frac{2a}{3}\right)$ であり、これがナッシュ解による妥結点である。一方、$x + y = a$ のもとで、$\sqrt{x} \cdot y$ を最大化する解 $(x, y) = \left(\frac{a}{3}, \frac{2a}{3}\right)$ を求め、これからナッシュ解による妥結点 $f(U, 0) = \left(\sqrt{\frac{a}{3}}, \frac{2a}{3}\right)$ を求めても良い。

(3) (U^1, d^1) を (1) の交渉問題,(U^3, d^3) を (3) の交渉問題とすると正アフィン変換からの独立性公理から

$$f_A(U^3, d^3) = s f_A(U^1, d^1) + b = \frac{as}{2} + b,$$

$$f_B(U^3, d^3) = t f_B(U^1, d^1) + c = \frac{at}{2} + c$$

が得られる。

(4) (2) と同様にして,$x + y = a$ のもとで $u_A(x) \cdot u_B(y) = x^p \cdot y^q$ を最大化してやれば良い。この解は $(x, y) = \left(\frac{pa}{p+q}, \frac{qa}{p+q}\right)$ である。したがってナッシュ解による妥結点は $f(U, 0) = \left(\left(\frac{pa}{p+q}\right)^p, \left(\frac{qa}{p+q}\right)^q\right)$ である。

例題 13.2

次の双行列ゲームにおいて，プレイヤー 1, 2 の協力による実現可能集合を求めよ．さらに，双方のマックスミニ値の組を交渉基準点としてナッシュ解による妥結点を求めよ．

1 \ 2	a	b
a	3, 1	0, 0
b	0, 0	1, 3

例題 13.2 の解

協力による実現可能集合は利得ベクトル $(0,0)$, $(1,3)$, $(3,1)$ を端点とする三角形の内部 U であり，下の図のようになる．

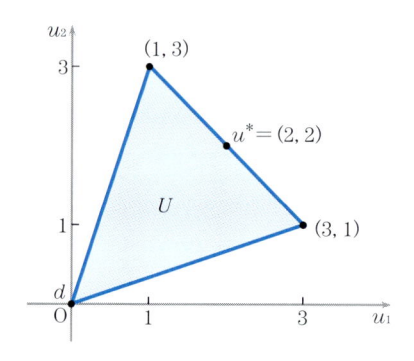

2 人のマックスミニ値は 0 であるから交渉基準点 $d = (0,0)$ となり，ナッシュ解のパレート最適性と対称性から妥結点は $u^* = (2,2)$ である．

13.3　演習問題

演習問題 13.1

2つの交渉問題 $(U,d),(U',d)$ において，ナッシュ解が次の「個人的単調性公理」を満たす場合にはそれを証明せよ。満たさない場合はそのような例を示せ。

$U' \supset U$ かつ $\max\{u_1|u \in U'\} = \max\{u_1|u \in U\}$ ならば $f_2(U',d) \geqq f_2(U,d)$

【演習問題13.1の解】

ナッシュ解は「個人的単調性公理」を満たさない。$d=(0,0)$, $U=\{(u_1,u_2) \in \mathbf{R}^2 | u_2 \leqq 2,\ 2u_1+u_2 \leqq 4,\ u_1 \geqq 0,\ u_2 \geqq 0\}$, $U'=\{(u_1,u_2) \in \mathbf{R}^2 | u_2 \leqq 2,\ u_1+u_2 \leqq 3,\ u_1 \leqq 2,\ u_1 \geqq 0,\ u_2 \geqq 0\}$ とすると，下の図のように $U' \supset U$ を満たし，かつ $\max\{u_1|u \in U'\} = \max\{u_1|u \in U\} = 2$ が成り立つ。しかしながら $f(U,d)=(1,2)$, $f(U',d)=(1.5,1.5)$ であるから，個人的単調性公理を満たさない。

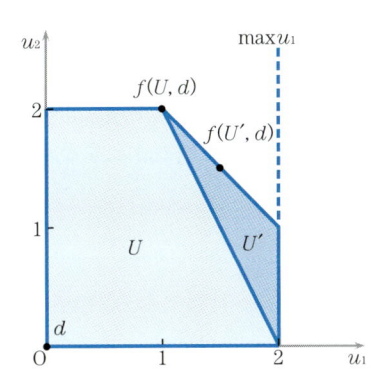

▮▮▮▮▮▮▮▮▮ 演習問題13.2* ▮▮

2つの交渉問題 $(U,d),(U,d')$ において，ナッシュ解が次の「基準点に関する単調性公理」を満たす場合にはそれを証明せよ．満たさない場合にはそのような例を示せ．

$$d'_2 \geq d_2 \text{ かつ } d'_1 = d_1 \text{ ならば } f_2(U,d') \geq f_2(U,d)$$

▮▮

【演習問題13.2の解】

ナッシュ解は「基準点に関する単調性公理」を満たす．それを示そう．ナッシュ解は正のアフィン変換からの独立性を満たすので，(U,d) に対する基準点を $(0,0)$ とし，(U,d') に対する基準点を $(k,0)$,（ただし $k>0$）として証明してやれば十分である．交渉問題 (U,d) の実現可能集合の（強）パレート最適な境界線が $(u_1, g(u_1)), (a \leq u_1 \leq b)$ で表されているとしよう．この問題のナッシュ解は $a \leq u_1 \leq b$ のもとで $u_1 g(u_1)$ を最大化している．その解を u_1^* としよう．交渉問題 (U,d') のナッシュ解を $u' = (u'_1, u'_2)$ とすると，u'_1 は $u_1(g(u_1) - k)$ を最大化している．したがって

$$u_1^* g(u_1^*) - ku_1^* \geq u'_1 g(u'_1) - ku'_1 = u'_1(g(u'_1) - k)$$
$$\geq u_1^*(g(u_1^*) - k) = u_1^* g(u_1^*) - ku_1^*$$

が成り立つ．これは，$-ku'_1 \geq -ku_1^*$，すなわち，$u'_1 \leq u_1^*$ を導く．$(u_1, g(u_1))$ は強パレート最適な境界線を表しているので，$g(u_1)$ は単調減少関数であるから，$u'_2 = g(u'_1) \geq g(u_1^*) = u_2^*$ を満たす．すなわち，基準点に関する単調性公理を満たす．

参考文献

　ゲーム理論を学習するうえで，本書を演習書として利用する際に，関連すると思われるテキストおよび，本書で省略した定理の証明が記載されている文献を紹介する．なお，本書は特に，文献 [7]，文献 [1]，文献 [3] に対応する演習書として，利用しやすいように思われる．近年，ゲーム理論のテキスト・文献は初心者向けのものから高度な専門書まで多岐にわたっているので，本書との関連性が高いものに限って掲載した．

日本語文献：

[1] 鈴木光男『新ゲーム理論』勁草書房，1994.
[2] 鈴木光男『ゲーム理論入門』共立全書，共立出版，1981.
[3] 岡田章『ゲーム理論』有斐閣，1996.
[4] 鈴木光男編著『ゲーム理論の展開』東京図書，1973.
[5] 船木由喜彦『エコノミックゲームセオリー――協力ゲームの応用』サイエンス社，2001.
[6] 中山幹夫，船木由喜彦，武藤滋夫『協力ゲーム理論』勁草書房，2008.
[7] 船木由喜彦『ゲーム理論講義』新世社，2012.
[8] 中山幹夫『協力ゲームの基礎と応用』勁草書房，2012.

英語文献：

[9] Peleg,B. and P.Sudholter,(2003), *Introduction to the Theory of Cooperative Games*, Kluwer Academic Publishers, Dordrecht.
[10] Owen,G.(1968 1st ed., 1982 2nd ed., 1995 3rd ed.), *Game Theory*, Academic Press.

[11] Gibbons,R.(1992), *Game Theory for Applied Economics*, Princeton University Press, Princeton. 福岡正夫・須田伸一（訳）『経済学のためのゲーム理論入門』創文社，1995．

本書で提示した定理の証明の参考文献：[ ] は文献番号を表す。

定理 2.1　［7］定理 5.1
定理 2.2　［3］定理 2.8
定理 2.3　［11］1.1 命題 A

定理 3.1　本書例題 3.1
定理 3.2　［7］定理 4.3
定理 3.3　［3］定理 2.7

定理 4.1　［3］定理 3.3

定理 7.1　［7］定理 10.1，本書演習問題 9.3 参照
定理 7.2　本書例題 7.4，［7］定理 10.2

定理 8.1　本書例題 8.1，［7］定理 10.3
定理 8.2　本書例題 8.2，［7］定理 11.7
定理 8.3　［3］定理 10.7
定理 8.4　本書演習問題 8.2
定理 8.5　［3］定理 10.10，［4］定理 6.3
定理 8.6　本書演習問題 8.5

定理 9.1　本書演習問題 9.3，［7］定理 12.2
定理 9.2　本書例題 9.2，［7］定理 12.1
定理 9.3　本書例題 9.1

定理 10.1　［4］定理 11.1，定理 12.3，定理 13.1

定理10.2　［7］Theorem 5.5.10, Corollary 5.5.11.
定理10.3　［4］定理12.2，定理13.4,［6］
定理10.4　［2］定理11.8,［4］定理13.5,［7］定理13.2
定理10.5　［4］定理13.3，定理13.8,［9］Theorem 5.1.6, Corollary 5.1.11,［10］XIII.3.2 Theorem, XIII.3.4 Theorem,［6］
定理10.6　［4］定理12.6
定理10.7　［1］11.1.2，Maschler, Peleg and Shapley(1979), "Geometric Properties of the Kernel and Nucleolus and Related Solution Concepts," *Mathematics of Operations Research.* Vol.4, 303-338.

定理11.1　［2］定理10.1,［3］定理11.1,［5］4.5,［7］定理15.1
定理11.2　本書演習問題11.2,［7］定理15.2
定理11.3　本書演習問題11.1,［7］定理15.3
定理11.4　［3］定理11.4
定理11.5　［3］定理11.4と補題11.1より導く

定理12.1　［5］7.3，Roth and Sotomayor(1990), *Two-Sided Matching*, Cambridge University Press, Cambridge. Theorem 2.8，本書演習問題12.1参照
定理12.2　［5］7.4，Roth and Sotomayor(1990), *Two-Sided Matching*, Cambridge University Press, Cambridge. Theorem 2.12

定理13.1　［2］定理6.1,［3］定理8.1,［7］定理17.1

練習問題解答

2 ナッシュ均衡と混合戦略

問題2.1 の解答例 順に,

1＼2	戦略1	戦略2
戦略1	1, 0	0, 1
戦略2	0, 1	1, 0

1＼2	戦略1	戦略2
戦略1	2, 1	0, 0
戦略2	0, 0	1, 2

1＼2	戦略1	戦略2
戦略1	3, 3	1, 4
戦略2	4, 1	2, 2

問題2.2 逐次消去により s_3, t_2 が消去される。残されたゲームの純戦略ナッシュ均衡を求めると, $(s_2, t_1), (s_1, t_3)$ となる。また, それ以外の混合戦略ナッシュ均衡は $\left(\left(\frac{1}{3}, \frac{2}{3}\right), \left(\frac{1}{3}, \frac{2}{3}\right)\right)$ となる。

問題2.3 (1) 利得行列は以下の通りである。

1＼2	朝	夜
朝	12, 12	20, 30
夜	30, 20	18, 18

(2) 純戦略ナッシュ均衡は (朝, 夜), (夜, 朝) である。混合戦略ナッシュ均衡は $\left(\left(\frac{1}{10}, \frac{9}{10}\right), \left(\frac{1}{10}, \frac{9}{10}\right)\right)$ である。

問題 2.4 (1) (M, M)
(2) $E_1(T, q) = E_1(B, q) = \frac{14}{3} > \frac{11}{3} = E_1(M, q)$ かつ
$E_2(p, L) = E_2(p, R) = \frac{14}{3} > \frac{11}{3} = E_2(p, M)$
(3) $E_1(f_1^*, f_2^*) = \frac{1}{3} E_1(B, L) + \frac{1}{3} E_1(T, L) + \frac{1}{3} E_1(T, R) = 5$
$E_2(f_1^*, f_2^*) = \frac{1}{3} E_2(B, L) + \frac{1}{3} E_2(T, L) + \frac{1}{3} E_2(T, R) = 5$
プレイヤー 1 の他の全ての戦略は次の表で表される。

事象 E のときの純戦略	T	M	B	T	T	M	M	B
事象 $\Omega \setminus E$ のときの純戦略	T	M	B	M	B	T	B	M

これらの戦略 f_1 に対して期待利得 $E_1(f_1, f_2^*)$ が $E_1(f_1^*, f_2^*)$ 以下であることを示せば良い。プレイヤー 2 についても同様である。

3　2人ゼロ和ゲーム

問題 3.1 の略解　利得行列は略。最適戦略は,
$$(p, q) = \left(\left(\frac{1}{n}, \cdots, \frac{1}{n} \right), \left(\frac{1}{n}, \cdots, \frac{1}{n} \right) \right)$$
であり，ゲームの値は $\frac{101-n}{n}$ である。

問題 3.2　プレイヤー 2 の利得を表す行列は $-A^T$。1 を最大化プレイヤーとしたときのゲームの値を v とする。そのとき, 2 は $-v$ の利得を得る。一方, 2 を最大化プレイヤーとしたときのゲームの値も v であるから, $v = -v$ でなければならない。よって $v = 0$ である。

問題 3.3　最適戦略は,
$$(p, q) = \left(\left(\frac{1}{4}, \frac{5}{8}, \frac{1}{8} \right), \left(\frac{1}{4}, \frac{5}{8}, \frac{1}{8} \right) \right)$$
であり，ゲームの値は 0 である。

4 展開形ゲーム

問題 4.1 (1) 展開形表現。

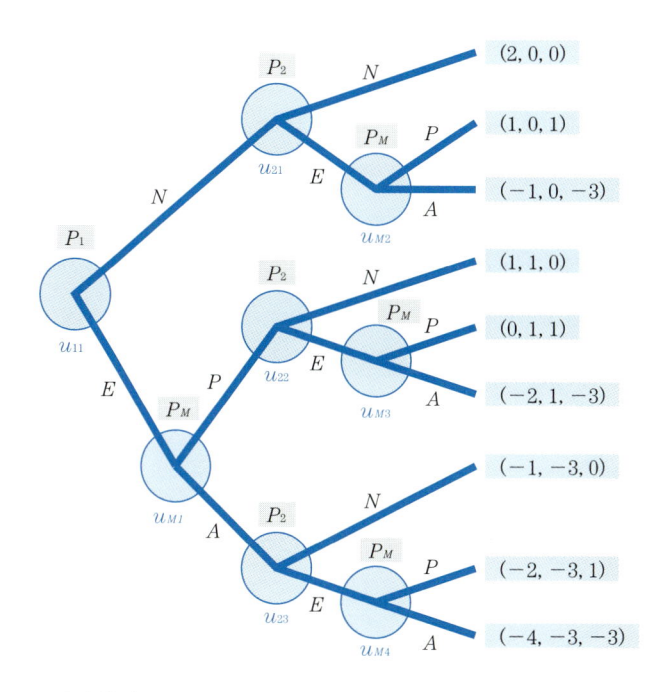

```
                                    N      (2, 0, 0)
                              P_2 ●────────
                             /u_21 \  E    P_M    P   (1, 0, 1)
                            /       \●─────●────────
                           /              u_M2  \ A  (-1, 0, -3)
                          / N
                         /
                        /                    N    (1, 1, 0)
                       /                P_2 ●───────
                      /                  \  E  P_M   P   (0, 1, 1)
                P_1 ●────── P ──────────●────●──────
                u_11\                  u_22    u_M3 \ A  (-2, 1, -3)
                     \
                      \ E
                       \        P_M
                        \●────────
                        u_M1 \ A
                              \             N    (-1, -3, 0)
                               \       P_2 ●────────
                                \       \  E  P_M   P   (-2, -3, 1)
                                 ●──────●────●───────
                                     u_23    u_M4 \ A  (-4, -3, -3)
```

サブゲーム完全均衡では, プレイヤー 1 が u_{11} で E を選択し, プレイヤー 2 が全ての情報集合で E を選択し, プレイヤー M が全ての情報集合で P を選択する。

他のナッシュ均衡の代表的なものとしては, プレイヤー 1 が u_{11} で N を選択し, プレイヤー 2 が全ての情報集合で N を選択し, プレイヤー M が全ての情報集合で A を選択するものがある。これ以外にも多数のナッシュ均衡が存在する。

(2) サブゲーム完全均衡は, 全てのプレイヤー i は全ての情報集合で E を選択し, プレイヤー M は全ての情報集合で P を選択する。

(3) その分岐点以降, 全ての情報集合においてプレイヤー i $(i = 2, 3, ..., 10)$ は N を選択し, プレイヤー M は A を選択する。

(4) そのような均衡点は存在しない。均衡プレイを含まないナッシュ均衡は (1) の後者がある。

217

問題 4.2 (1) 展開形表現　　　(2) 戦略形表現

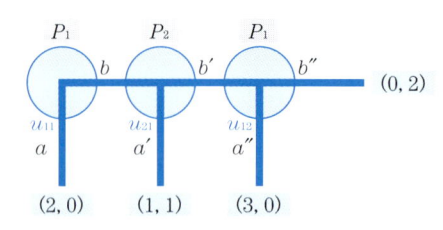

1 \ 2	a'	b'
(a, a'')	2, 0	2, 0
(a, b'')	2, 0	2, 0
(b, a'')	1, 1	3, 0
(b, b'')	1, 1	0, 2

サブゲーム完全均衡は $((a, a''), (a'))$　　ナッシュ均衡は $((a, a''), (a')), ((a, b''), (a'))$

問題 4.3 (1) 展開形表現　　　　　　戦略形表現

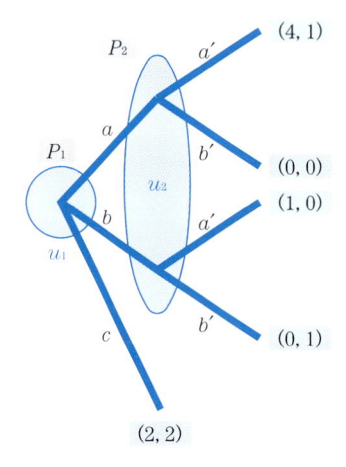

1 \ 2	a'	b'
a	4, 1	0, 0
b	1, 0	0, 1
c	2, 2	2, 2

(2) この展開形ゲームには，もとのゲーム以外にサブゲームは存在しないので，サブゲーム完全均衡とナッシュ均衡は一致する。ナッシュ均衡は $(a, a'), (c, b')$ の 2 つである。逐次消去により残される戦略の組は (a, a') である。

問題 4.4　(1)　展開形表現　　　　　　戦略形表現

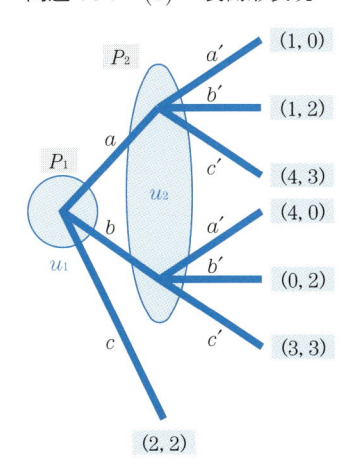

1 \ 2	a'	b'	c'
a	1, 0	1, 2	4, 3
b	4, 0	0, 2	3, 3
c	2, 2	2, 2	2, 2

(2)　ナッシュ均衡，部分ゲーム完全均衡はともに $(a, c'), (c, b')$ の 2 つである。逐次消去により残される戦略の組は (a, c') である。

問題 4.5　略

問題 4.6　(1)　利得関数を π_1, π_2 とすれば，
$$\pi_1(x_1, x_2) = (a - c - bx_1 - bx_2)x_1,$$
$$\pi_2(x_1, x_2) = (a - c - bx_1 - bx_2)x_2$$

(2)　$\frac{\partial \pi_1}{\partial x_1} = \frac{\partial \pi_2}{\partial x_2} = 0$ より　　$x_1 = x_2 = \frac{a-c}{3b}$

(3)　$x_1 = \frac{a-c}{2b}$，2 の戦略は $\frac{a-c}{b} \geqq x_1 \geqq 0$ のとき　$x_2 = \frac{a-c}{2b} - \frac{1}{2}x_1$
$$x_1 > \frac{a-c}{b} \quad \text{のとき} \quad x_2 = 0$$

問題 4.7　(1)　ナッシュ均衡は，$(b, b), (c, c)$ である。

(2)　$5(t - 1) + 2 = 5t - 3$

(3)　$5(t - 2) + 6 = 5t - 4$

(4)　(s, s) に対する両プレイヤーの利得は $5(t-1) + x = 5t - 5 + x$，s 以外の戦略を s' とすると，(s', s) に対するプレイヤー 1 の利得の最大値は $5t - 4$ である。$5t - 5 + x \geqq 5t - 4$ でなければならないから，$x \geqq 1$ である。x の最小値は 1 である。

7　配分集合とコア

問題 7.1 の略解　(1)　$U \subseteq S$ または $U \subseteq T$ のときには常に $v(U) = 0$。それ以外のケースでは，q を $b_{i_q} - a_{i_q} > 0$ かつ $b_{i_{q+1}} - a_{i_{q+1}} \leqq 0$ を満たす自然数として，

$$v(U) = (b_{i_1} - a_{i_1}) + \cdots + (b_{i_q} - a_{i_q})$$

である．

(2) 略．

(3) コアに属する配分の表現方法については (2) と同じ．ただし，p の範囲が異なる．

$$s \neq t,\ r = s\ \text{のとき}, \quad \max\{a_r, b_{r+1}\} \leqq p \leqq b_r,$$
$$s \neq t,\ r = t\ \text{のとき}, \quad a_r \leqq p \leqq \min\{a_{r+1}, b_r\},$$
$$s = t\ \text{のとき}, \quad a_r \leqq p \leqq b_r$$

8 コアの存在条件といろいろなゲームのコア

問題 8.1 任意の N の部分集合 T に対し，N を T に変え，v を v' に変えて演習問題 8.5 の解と同じ議論をすれば (T, v') が平衡ゲームであることがわかる．

9 安定集合（vNM解）

問題 9.1 コアは内部安定性を満たしているので，コアが外部安定性を満たすことを示す．$N = \{A, B, C\}$ とし，コアの外部の点 x をとると一般性を失わずに $x_A + x_B < v(AB)$ と仮定することができる．$\delta = v(AB) - x_A - x_B$ とし，$y_A = x_A + \frac{\delta}{2}$, $y_B = x_B + \frac{\delta}{2}$, $y_C = v(N) - v(AB)$ とすると，$y_A + y_B = v(AB)$, $y_A > x_A$, $y_B > x_B$ より y は $y \operatorname{dom}_{\{A,B\}} x$ を満たす配分となる．このとき個人合理性と凸ゲームの定義から

$$y_A + y_C - v(AC) \geqq v(A) + v(N) - v(AB) - v(AC) \geqq 0$$
$$y_B + y_C - v(BC) \geqq v(B) + v(N) - v(AB) - v(BC) \geqq 0$$

より y がコアに属することがわかる．したがってコアは安定集合となる．

問題 9.2 コア以外に安定集合があれば，その安定集合に含まれ，コアに属さない配分が存在する．しかしながらコアが安定集合であることから，その配分はコアに属する配分に支配されるので安定集合の内部安定性に矛盾する．

10 交渉集合，カーネルと仁

問題 10.1 交渉集合はコアを含むので，コアの外部の点が交渉集合に含まれないことを示す．$N = \{A, B, C\}$ とし，コアの外部の点 x をとると，一般性を失わずに $x_A + x_B < v(AB)$ と仮定することができる．$\delta = v(AB) - x_A - x_B$ とし $y_A = x_A + \frac{\delta}{2}$, $y_B = x_B + \frac{\delta}{2}$ とすると $y_A + y_B = v(AB)$ であるから $(y, \{AB\})$ は B の C

に対する異議となる。C の逆異議 $(z, \{A, C\})$ が存在するとすれば，$z_A \geqq y_A$, $z_C \geqq x_C$, $z_A + z_C \leqq v(AC)$ でなければならない。ところが，$v(N) - x_C = x_A + x_B < y_A + y_B = v(AB)$ より $x_C > v(N) - v(AB)$ から

$$z_A + z_C - v(AC) \geqq y_A + x_C - v(AC) > v(A) + v(N) - v(AB) - v(AC) \geqq 0$$

が成り立つ（ここで最後の不等式はゲームの凸性から得られる）。これは矛盾であるので，逆異議のない異議が存在し，x は交渉集合に属さない。

問題 10.2 カーネルと仁は $(\frac{1}{3}, \frac{1}{3}, \frac{1}{3}, 0, 0)$ となる。

問題 10.3 演習問題 10.3 と同じ方法で解くと $\frac{1}{n}(v(N) - \sum_{j \in N} MC_j) = -1$ となり仁は $(1, 3, 4, 4)$ となる。

問題 10.4 このゲームは 3 人凸ゲームであるので交渉集合はコアと一致する。すなわち交渉集合は

$$\{(x_A, x_B, x_C) \mid x_A + x_B + x_C = 16,\ 0 \leqq x_A \leqq 12,\ 0 \leqq x_B \leqq 10,\ 0 \leqq x_C \leqq 8\}$$

となる。

11 シャープレイ値とその応用

問題 11.1 各プレイヤーは対称であるので，シャープレイ値の対称性と全体合理性から得られる。

問題 11.2

(1) $\phi(v) = \left(\frac{11}{3}, 3, \frac{13}{6}, \frac{7}{6}\right)$

(2) $\phi(v) = \left(\frac{13}{20}, \frac{13}{20}, \frac{7}{30}, \frac{7}{30}, \frac{7}{30}\right)$

(3) $\phi(v) = (\phi_1(v), \cdots, \phi_n(v))$ として，

$$\phi_i(v) = \frac{v(N)}{n} - \frac{v(N \setminus \{i\})}{n-1} + \frac{1}{n(n-1)} \sum_{j \in N} v(N \setminus \{j\}) \quad \forall i \in N$$

問題 11.3

$k = 1$ のとき，$\left(\frac{1}{4}, \frac{1}{4}, \frac{1}{4}, \frac{1}{4}\right)$

$k = 2$ のとき，$\left(\frac{1}{6}, \frac{1}{6}, \frac{1}{6}, \frac{1}{2}\right)$

$k = 3$ のとき，$\left(\frac{1}{12}, \frac{1}{12}, \frac{1}{12}, \frac{3}{4}\right)$

$k \geqq 4$ のとき，$(0, 0, 0, 1)$

12　マッチングゲームのコア

問題12.1　男性最適なマッチングと女性最適なマッチングが一致し，それが唯一の安定マッチングとなる．

(1) $\begin{pmatrix} w_1 & w_2 \\ m_1 & m_2 \end{pmatrix}$　　　　　(2) $\begin{pmatrix} w_1 & w_2 & \hat{s} \\ m_1 & m_2 & m_3 \end{pmatrix}$

問題12.2　(1)　男性最適マッチングと女性最適マッチングはそれぞれ，

$$\begin{pmatrix} w_1 & w_2 & w_3 \\ m_3 & m_1 & m_2 \end{pmatrix}, \quad \begin{pmatrix} w_1 & w_2 & w_3 \\ m_3 & m_1 & m_2 \end{pmatrix}$$

(2)　男性最適マッチングと女性最適マッチングはそれぞれ，

$$\begin{pmatrix} w_1 & w_2 & w_3 \\ m_1 & m_2 & m_3 \end{pmatrix}, \quad \begin{pmatrix} w_1 & w_2 & w_3 \\ m_1 & m_2 & m_3 \end{pmatrix}$$

(3)　男性最適マッチングと女性最適マッチングはそれぞれ，

$$\begin{pmatrix} w_1 & w_2 & w_3 \\ m_3 & m_1 & m_2 \end{pmatrix}, \quad \begin{pmatrix} w_1 & w_2 & w_3 \\ m_2 & m_1 & m_3 \end{pmatrix}$$

問題12.3

(1)　$\begin{pmatrix} w_1 & w_2 & w_3 \\ m_3 & m_2 & m_1 \end{pmatrix}$

(2)　$\begin{pmatrix} w_1 & w_2 & w_3 & \hat{s} \\ \hat{s} & m_1 & m_3 & m_2 \end{pmatrix}$

(3)　$\begin{pmatrix} w_1 & w_2 & w_3 & w_4 \\ \hat{s} & m_3 & m_2 & m_1 \end{pmatrix}$

(4)　$\begin{pmatrix} w_1 & w_2 & w_3 & w_4 \\ m_1 & m_2 & m_3 & m_4 \end{pmatrix}, \quad \begin{pmatrix} w_1 & w_2 & w_3 & w_4 \\ m_2 & m_3 & m_1 & m_4 \end{pmatrix}$

$\begin{pmatrix} w_1 & w_2 & w_3 & w_4 \\ m_3 & m_1 & m_2 & m_4 \end{pmatrix}$

問題12.4　可能なマッチングは以下の3通り．

(1) $\begin{pmatrix} A & C \\ B & D \end{pmatrix}$,　　(2) $\begin{pmatrix} A & B \\ C & D \end{pmatrix}$,　　(3) $\begin{pmatrix} A & B \\ D & C \end{pmatrix}$

(1) は BC を通して (3) に支配され，(2) は AB を通して (1) に支配され，(3) は AC を通して (2) に支配される．それゆえコアは空である．

索 引

――――― あ 行 ―――――

安定集合　141,142,144,146〜150
安定マッチング　191,193,195,197,198
安全保障理事会　183
鞍点　43,45,52,54

異議　154,158,161〜163

後向き帰納法　61

凹性　137
脅し均衡　69
重み付き多数決ゲーム　171,180,183
重みベクトル　126,137

――――― か 行 ―――――

カーネル　153,155,157,159,161〜164
外部安定性　142,144〜146,148〜150
寡占市場　78
加法性公理　170,171
完全情報ゲーム　59,66
完全ベイジアン均衡　81,82,84,87,90,92

期待利得　14,22
基本三角形　113,114,116
逆異議　154,161〜163
逆向き帰納法　61,69
狭義ナッシュ均衡　15
強支配　3,8,9,28

――戦略　3,6,36

競争均衡　127
　　――配分　127,134
共通知識　82
強パレート最適　4
共有地の悲劇　37
協力ゲーム　93,203
行列ゲーム　42
局所戦略　60
拒否権ゲーム　147,149
拒否権プレイヤー　177
　　――ゲーム　177
均衡点の交換可能性　54

偶然手番　58,62

ゲームの値　43
ゲームの木　58,70
ゲール・シャープレイのアルゴリズム
　　193,195,198
結婚ゲーム（結婚問題）　190
限界貢献度　166
　　――の逓増　133

コア　109,111〜116,119,121,191,193
　　――の存在条件　125,126,130,131
交渉解　204,205
交渉基準点　204,208
交渉基準点に関する単調性公理　204

交渉曲線　148
交渉集合　153,154,157,158,161〜163
交渉問題　203,204,206,209,210
行動戦略　60
行動戦略ナッシュ均衡　60
効用関数　127
効率性　118
個人合理性　110,113
個人的単調性公理　209
混合戦略　13〜16,21,22,26,28,47,60
混合戦略ナッシュ均衡　29,60
コンスタント戦略　52

────── さ 行 ──────

最小化プレイヤー　42
最小コア　156,157,159,161〜163
最大化プレイヤー　42
最大不満　155,165
最適水準　47
最適戦略　43,50,53
最適反応戦略　14,16,17,19,21,22,29,32
査察ゲーム　55
サブゲーム　60
サブゲーム完全均衡　60,62,64,68,70,72
差別解　143
3人ゲームの基本三角形　110
3人多数決ゲーム　142,144,173

市場ゲーム　127,136,137
辞書式順序　155
実現可能集合　204,208
実行可能ベクトル集合　118
支配　3,9,11,111,120
支配関係　111,117
支配戦略　3
支配戦略均衡　1
シャープレイ・シュービック投票力指　数　171,172,177,178,180,183
シャープレイ値　169,170,172〜174,176,185
弱支配　3,8
────戦略　3,6
ジャンケンゲーム　53,55
囚人のジレンマ　5
樹形図　58,62,64
準カーネル　155,164
準仁　155,165
純粋戦略　2
純戦略　2,16,19,24,32,49,60
純戦略ナッシュ均衡　29,34,62,64,68,70,72,80,87
準配分　155
譲渡可能効用　94
情報構造　58
情報集合　58
情報の価値　67
情報不完備ゲーム　81,82
情報分割　58
勝利提携　171,177,178
女性最適なマッチング　192,196,197
仁　153,155,157,159,161〜165

正アフィン変換からの独立性　205,210
────公理　207
ゼロ正規化　95,100,105,106,113,116
選好関係　190,192
全体合理性　110,113,115,118,170,173,175〜177,179〜182,185
全体提携　94,98
選択肢　58
戦略　2
戦略形 n 人ゲームの要素　2
戦略形ゲーム　1,2
戦略形2人ゲーム　5
戦略的同等　95,108

索　引

戦略の逐次消去　3,8,11,32

双行列ゲーム　2,8

――――――た 行――――――

対称　166
対称解　143
対称ゲーム　126,135
対称性　177,180～182
対称性公理　170,171,175,205,206,208
妥結点　204～206
男女の争いゲーム　5
男性最適なマッチング　192,196,197
単調性　95,103,104,106,137

チェーンストア・パラドクス　57,76
逐次消去　3,8,11,32
頂点　58

提携　94,98,107
提携形ゲーム　93,94,109,141,144,189
提携合理性　112,115,117,121
提携値　94,100
手番　58
展開形ゲーム　57,58,62,64,66,72,74,84,87

同型　112,142,151,156
投票ゲーム　171,177
独裁者　176
特性関数　94,102,104,107,108,121
特性関数形ゲーム　94,97,100,103,107
凸ゲーム　126,132,134,135
　――の必要十分条件　128,133

――――――な 行――――――

内部安定性　142,144,145,148～150

ナッシュ解　203～210
ナッシュ均衡（点）　1,13,15,16,19,21,22,24,26,28,29,34,36,37,70,72,75,84,98
ナッシュ交渉解　204,205
ナッシュの要求ゲーム　33
ナルプレイヤー　170
ナルプレイヤー公理　170,176

――――――は 行――――――

配分　110,112,117,121
　――集合　109,110,113～115,119,120
パレート効率性　4,118
パレート効率的　4
パレート最適　4,6,19,118,191
パレート最適なマッチング　192
パレート支配　4
パレート弱支配　4

非協力ゲーム　1,13,57
ピボット　171,178～183
費用ゲーム　95,96
　――のコア　119
標準形ゲーム　2
費用節約ゲーム　96,102
　――の特性関数　96
費用特性関数　95,96

フォン・ノイマン＝モルゲンシュテルン解　142
2人交渉ゲーム　204
2人ゼロ和ゲーム　41,42,44
部分ゲーム　60
不満　154,155,159
プレイ　58
プレイヤー集合　2,94,100,102

225

プレイヤーの信念　82
プレイヤー分割　58

平衡ゲーム　126,127,129,137
平衡集合族　126
別払い　94

保証水準　42,45
本質的ゲーム　95,103

──────ま　行──────

マックスミニ戦略　42,97
マックスミニ値　42,45,47,50,208
マッチング　190,192
　　──ゲーム　190
　　──ゲームのコア　189,191
　　──の間の支配関係　191,193

ミニマックス戦略　42
ミニマックス値　42,45,48,51
ミニマックス定理　43

無関係な代替案からの独立性　205

──────や　行──────

優加法性　94,103〜107,114,115,117,120,
　　121,185

──────ら　行──────

利得関数　2,60
利得行列　2,5,9
利得ベクトル　110

──────欧　字──────

εコア　156,159,162
NTUゲーム　189,203
vNM解　141,142

著者紹介

船木　由喜彦（ふなき　ゆきひこ）

1980 年　東京工業大学理学部数学科卒業
1985 年　東京工業大学大学院総合理工学研究科博士課程修了
1985 年　東洋大学経済学部専任講師
1995 年　東洋大学経済学部教授
1998 年　早稲田大学政治経済学術院教授
理学博士
専門　ゲーム理論，数理経済学，実験経済学

主要著書・論文

『はじめて学ぶゲーム理論』新世社，2014 年
『ゲーム理論講義』新世社，2012 年
『協力ゲーム理論』勁草書房，2008 年（共著）
『エコノミックゲームセオリー：協力ゲームの応用』サイエンス社，2001 年
『ゲーム理論で解く』有斐閣，2000 年（共編著）
"Axiomatization of a Class of Equal Surplus Sharing Solutions for TU-Games", *Theory and Decision*, 2009（共著）．
"Non-cooperative and Axiomatic Characterizations of the Average Lexicographic Value", *International Game Theory Review*, vol. 12 (Issue4), pp. 417–435, 2010.（共著）
"Reconciling Marginalism with Egalitarianism : Consistency, Monotonicity, and Implementation of Egalitarian Shapley Values", *Social Choice and Welfare*, 2012（共著）．

演習新経済学ライブラリ＝4
演習ゲーム理論

| 2004 年 7 月 25 日Ⓒ | 初 版 発 行 |
| 2018 年 9 月 10 日 | 初版第8刷発行 |

著　者　船木由喜彦　　　　発行者　森　平　敏　孝
　　　　　　　　　　　　　印刷者　大　道　成　則

【発行】　　　　　　　　株式会社　新世社
〒151-0051　東京都渋谷区千駄ヶ谷 1 丁目 3 番 25 号
☎ (03)5474-8818（代）　　サイエンスビル

【発売】　　　　　　　　株式会社　サイエンス社
〒151-0051　東京都渋谷区千駄ヶ谷 1 丁目 3 番 25 号
営業 ☎ (03)5474-8500（代）　振替　00170-7-2387
FAX ☎ (03)5474-8900

印刷・製本　太洋社
《検印省略》

本書の内容を無断で複写複製することは，著作者および出版者の権利を侵害することがありますので，その場合にはあらかじめ小社あて許諾をお求め下さい。

サイエンス社・新世社のホームページのご案内
http://www.saiensu.co.jp
ご意見・ご要望は
shin@saiensu.co.jp まで

ISBN4-88384-072-7

PRINTED IN JAPAN

演習新経済学ライブラリ 1

演習ミクロ経済学
第2版

武隈愼一 著
A5判／360頁／本体2,500円（税抜き）

公務員試験・大学院入試合格の必携書として確固たる地位を築いてきた『演習ミクロ』をさらにパワーアップ！ 構成を『新版 ミクロ経済学』に対応させつつ，例題・練習問題の改訂/追加を行い，大幅に内容を刷新・拡充。見やすい要点解説，見開き構成の例題，２色刷として一層の理解を図った。

【主要目次】
ミクロ経済学とは何か／消費者行動／企業行動／競争経済の均衡／経済厚生／不完全競争／公共経済／不確実性／証券市場／国際貿易／ゲームの理論／投入産出分析

発行 新世社　　　発売 サイエンス社

はじめて学ぶ
ゲーム理論

船木由喜彦 著
A5判／224頁／本体2,000円（税抜き）

本書は，初めてゲーム理論にふれる方が，そのおもしろさ，有用さを理解できるよう，難しい数式を用いずにわかりやすく解説した入門書です。経済学に限らず政治学，社会学，経営学まで身近で社会的に関心の高い問題をとりあげて，それをゲーム理論ではどう考え，どう解くのかを説明していきます。中学生から大学生，さらにもう一度学び始めたい方まで，ゲーム理論に興味のあるすべての方におすすめの一冊です。2色刷。

【主要目次】

ゲーム理論とは／囚人のジレンマと支配戦略均衡／規格間の競争とナッシュ均衡／ゲームの木と逆向き帰納法／戦略的投票の分析／公共財供給のゲーム分析／協力ゲームのコア（非分割財の分析）／投票のパワー分析（シャープレイ値）／投票ゲームのコアによる分析／破産問題の分析（協力ゲームの仁）／交渉問題の分析／進化ゲーム理論入門

発行 新世社　　　発売 サイエンス社

新経済学ライブラリ 別巻12

ゲーム理論講義

船木由喜彦 著

A5判／240頁／本体2,300円（税抜き）

本書は，非協力ゲームと協力ゲームの両方をバランス良く扱った，ゲーム理論のスタンダードなテキストである。数学的知識が十分でない方でもわかるようできるだけ平易な例から出発し，基本的概念，発展的内容につながるよう解説している。また，例や証明は他書ではふれられていないオリジナルなものを多く紹介する。同著者による『演習ゲーム理論』と整合的に補完し合う内容となっており，両書を併用することでゲーム理論を確実に修得できるよう執筆されている。大学学部生や大学院等で専門的に学ぼうとする方にもお薦めのテキスト。2色刷。

【主要目次】
戦略形ゲームと戦略の支配／逐次消去均衡／ナッシュ均衡／2人ゼロ和ゲーム／混合戦略の導入と均衡点の存在／展開形ゲーム／偶然手番のある展開形ゲームと完全ベイジアン均衡／繰り返しゲーム／提携形ゲーム／提携形ゲームのコア／コアの存在条件といろいろなゲームのコア／安定集合／仁と破産問題／交渉集合とカーネル／シャープレイ値／シャープレイ値の投票問題への応用／ナッシュの交渉問題

発行 新世社　　　発売 サイエンス社